Guillermo Hernández

GW00686183

ORTOGRAFÍA
FÁCIL

Actividades de autoaprendizaje

SOCIEDAD GENERAL ESPAÑOLA DE LIBRERÍA, S. A.

Primera edición, 1999

Produce: SGEL-Educación
Avda. Valdelaparra, 29
28108 ALCOBENDAS - MADRID

ISBN: 84-7143-754-6
Depósito legal: M. 12.964-1999
Printed in Spain - Impreso en España

Ilustraciones: Luis Canascón
Cubierta: Carla Esteban
Maqueta: Susana Martínez

Preimpresión: MonoComp, S. A.
Imprime: EDIGRAFOS, S. A.
Encuaderna: Rústica Hilo, S. L.

Contenido

Recomendaciones para trabajar este manual

La ortografía, como cualquier otro aspecto de la lengua (gramática, vocabulario, comprensión y redacción de textos), exige una constante atención y estudio en aras de lograr una expresión correcta y expresiva. Para conseguir el mejor aprovechamiento de este manual, debes trabajarlo de la siguiente manera.

Evaluación inicial

El orden de trabajo que proponemos —uso de los signos de puntuación, acentuación y ortografía de las letras— pretende que aprendas a redactar textos bien puntuados para que tengan sentido; a continuación, domines el uso de la acentuación, que sigue reglas; y con posterioridad escribas las palabras empleando las letras con corrección. En el uso de las letras, partimos de aquellas que presentan menor dificultad, pues siguen reglas sencillas, y sin excepciones, a las de mayor dificultad.

Sin embargo, puedes elegir el orden que prefieras en función de las dificultades que presentes. Por eso, los contenidos y ejercicios programados en cada uno de los apartados tienen autonomía y se puede empezar por cualquiera de ellos.

Con el fin de que conozcas tu dominio de la Ortografía, te proponemos que realices los siguientes ejercicios como **evaluación inicial:**

- Para *Los signos de puntuación*, el ejercicio II (pág. 35).
- Para *La acentuación*, el ejercicio II (pág. 65).
- Para *La ortografía de las letras*:

  — Uso de *c, z* y *d*, ejercicios I y II (pág. 74).
  — Uso de *y* y *ll*, ejercicio II (pág. 91).
  — «Uso de *b/v*», ejercicios I y II (págs. 102).
  — «Uso de la *h*», ejercicios I y II (págs. 122).
  — «Uso de *g/j*», ejercicios I y II (págs. 142).
  — «Uso de *x*», ejercicios I y II (págs. 130).

Si en alguno de los apartados cometes dos o más errores, es que no lo dominas y tienes que trabajarlo. Lógicamente debes comenzar por el bloque en que hayas cometido más errores.

Sesiones de trabajo y metodología

La ortografía, y este manual, debe ejercitarse en sesiones de trabajo breves, aunque de manera continuada. Por ello, en cada doble página se programa una sesión de trabajo, de 15 ó 20 minutos. En ella se desarrolla el **método de autoaprendizaje:**

OBSERVACIÓN	Observación de un fenómeno ortográfico.
DEDUCCIÓN	**Deducción** de la regla, que has de memorizar una vez comprendida perfectamente mediante la observación del fenómeno ortográfico al que se aplica.

4

EJERCITACIÓN	Realización de ejercicios de aplicación de la regla.
AUTOEVALUACIÓN	Ejercicio de autoevaluación para la ejercitación de la doble página, que debes corregir con la ayuda del SOLUCIONARIO.

Lectura y observación

No cabe duda de que la lectura entonada y el hábito de leer son medios que permiten fijar la escritura de las palabras y de los signos de puntuación, y por eso se consideran los mejores auxiliares de la ortografía. La observación, pues, de los fenómenos ortográficos, tanto en tus lecturas como al trabajar este manual, debe constituir tu principal preocupación.

Memorización de reglas

Se han recogido las reglas que son realmente rentables y que no tienen apenas excepciones. Si tienes excesiva dificultad en memorizarlas, no te preocupes. Lo importante es que adquieras el hábito de escribir correctamente, y cuando te surjan dudas, consultes este manual o el diccionario.

Ejercitación

Los ejercicios propuestos son muy variados, pues el aprendizaje de la ortografía exige cuatro tipos de apoyos:

- **Caligráficos**: escribir las letras de manera clara y legible.
- **Ortológicos**: pronunciar correctamente todos los sonidos.
- **Morfológicos**: ejercicios de composición y derivación.
- **Semánticos**: usar con propiedad las palabras en diversos contextos.

Debes ir corrigiendo los ejercicios, con ayuda del solucionario, conforme los vas realizando. Al corregir la palabra equivocada, bórrala y escríbela de nuevo correctamente.

Autoevaluación

La autoevaluación se realiza en dos momentos:

- Autoevaluación de la doble página, de una sesión de trabajo, mediante el ejercicio AVERIGUA LO QUE SABES. Cuando hayas cometido demasiados errores, repasa de nuevo la doble página antes de iniciar otra sesión de trabajo.
- Cada tres o cuatro sesiones de trabajo, tienes que realizar un ejercicio de autoevaluación más completo por ser recopilatorio. Estos ejercicios se agrupan bajo el epígrafe RECAPITULACIÓN Y AUTOEVALUACIÓN. Antes de realizarlo, repasa las reglas para evitar errores.

Signos de puntuación

Presentación de los escritos

1 Cuando escribimos, debemos cuidar tanto el contenido —lo que se dice— como la forma —cómo se dice—. Por eso, en cualquier escrito que realices —un examen, una redacción, un resumen, etcétera— has de cuidar la presentación formal: márgenes, espacios en blanco, tipo de letra y, sobre todo, la ortografía.

● Lee y observa la calidad de uno y otro escrito.

Baya dia

Esta mañana me lebante algo tarde y, por desayunar de prisa, derramé el desalluno encima de la rropa. Me puse perdido Salí a la calle y llovía a cántaros.

Cuando caminaba por la cosa acera un coche que circulaba como loro atraveso un charco de agua me salpicó y me llenó de barro los pantalones. Me disparé hacia el colégio y llegé cuando estaban cerrando la puerta no me dejaron entrar.

Baya dia pensé. A veces es mejor quedarse dormido y no salir de casa

¡Vaya día!

Esta mañana me levanté algo tarde y, por desayunar deprisa, derramé el desayuno encima de la ropa. ¡Me puse perdido! Salí a la calle y llovía a cántaros. Cuando caminaba por la acera, un coche que circulaba como loco atravesó un charco de agua, me salpicó y me llenó de barro los pantalones. Me disparé hacia el colegio y llegué cuando estaban cerrando la puerta. No me dejaron entrar.

¡Vaya día! —pensé—. A veces es mejor quedarse dormido y no salir de casa.

Analiza ahora la calidad de uno y otro escrito en cuanto a la forma.

● ¿Está bien distribuido el texto en el papel: márgenes, espacios, etcétera?

....

● ¿Está limpio el texto sin borrones, ni tachaduras?

....

● ¿La letra es legible? ¿Qué letras observas mal escritas?

....

● Señala errores ortográficos:

   • de puntuación: ....

   • de acentuación: ....

   • en la escritura de las letras: ....

   • ....

   • ....

Valor de los signos de puntuación

 2 Intenta leer y comprender el siguiente texto.

> Por qué te quedas ahí parada dijo el abuelo Vamos Paulina mira quién ha venido La tía Susana pasará estas fiestas con nosotros Anda Paulina acércate Besa a tía Susana
>
> Ay Señor no sé por qué pero me parecía que la voz del abuelo también sonaba un poco floja
>
> Vamos así como sin mucho aliento
>
> La abuela me sonrió y yo me acerqué a darle un beso
>
> Felices Pascuas abuelito abuelita dije dándoles un abrazo Y claro me volví hacia Susana que ni se inclinaba ni nada para ayudarme en eso de los besos como todo el mundo Siempre se quedaba tiesa como un chopo y eso que sabía que yo andaba mal de estatura y ella en cambio era una mujerona bien alta

Como puedes observar, el texto carece de signos de puntuación y su lectura y comprensión son muy difíciles. Léelo ahora de nuevo.

> ### Paulina
>
> —¿Por qué te quedas ahí parada? —dijo el abuelo—. Vamos, Paulina, mira quién ha venido. La tía Susana pasará estas fiestas con nosotros. ¡Anda, Paulina, acércate. Besa a tía Susana!
>
> ¡Ay!, Señor, no sé por qué, pero me parecía que la voz del abuelo también sonaba un poco floja.
>
> Vamos, así, como sin mucho aliento.
>
> La abuela me sonrió y yo me acerqué a darle un beso.
>
> Felices Pascuas, abuelito, abuelita... —dije, dándoles un abrazo. Y, claro, me volví hacia Susana, que ni se inclinaba ni nada para ayudarme en eso de los besos, como todo el mundo. Siempre se quedaba tiesa como un chopo (y eso que sabía que yo andaba mal de estatura, y ella en cambio era una mujerona bien alta).
>
> ANA MARÍA MATUTE: *Paulina.* Ed. Lumen.

aprende: **Los signos de puntuación señalan en la lengua escrita la entonación y las pausas de la lengua hablada y sirven para facilitar la comprensión de los textos.**

3 Explica la diferencia de significado que existe en las siguientes frases.

Han llegado Juan Luis y Alberto

...Dos personas han llegado...

Han llegado Juan, Luis y Alberto

...3 personas han llegado...

No ha venido el profesor   ¿No ha venido el profesor?   ¡No ha venido el profesor!

...afirmación...   ...pregunta...   ...Gritándolo exclamación...

El punto (.)

4 El contenido de los escritos —lo que se dice— se estructura en párrafos y oraciones. Lee con atención y observa el uso del punto y de la mayúscula cuando se inicia una oración.

Título y Tema	¿EXISTE LA INMUNIDAD?
Presentación	Los virus constituyen los enemigos más formidables del hombre y se han mostrado absolutamente invulnerables al ataque de los medicamentos o a cualquier otra arma artificial. Y aun así, el hombre ha sido capaz de resistir contra ellos, incluso en las condiciones más desfavorables. El organismo humano está dotado de impresionantes defensas contra la enfermedad.
Desarrollo Ejemplificación con datos históricos y culturales.	Analicemos la peste negra, la gran plaga del siglo XIV. Atacó a una Europa que vivía en una aterradora suciedad carente de cualquier concepto moderno de higiene, sin instalaciones de cañerías de desagüe, sin forma alguna de tratamiento médico razonable, una población aglutinada e indefensa. Claro que la gente podía huir de las aldeas infestadas, pero el enfermo fugitivo tan sólo servía para propagar las epidemias más lejos y con mayor rapidez. Pese a ello, tres cuartas partes de la población resistió con éxito los ataques de la infección. En tales circunstancias, lo realmente asombroso no fue que muriera uno de cada cuatro, sino que sobrevivieran tres de cada cuatro.
Conclusión Resumen final.	Es evidente que existe eso que se llama resistencia natural a cualquier enfermedad, la inmunidad.

ISAAC ASIMOV: *Introducción a la Ciencia.* Ed. Plaza & Janés.

Este texto está estructurado en tres párrafos. Cada párrafo está formado por una o varias oraciones que desarrollan un aspecto del tema.

- **El punto y seguido separa oraciones dentro de un párrafo.**
- **El punto y aparte señala el final de un párrafo.**
- **El punto final señala el final de un texto.**

5 Escribe los puntos omitidos y redondea la letra que debe ir en mayúscula.

La selva tropical

La selva tropical es, sin duda, el ecosistema más complejo del mundo sobrevive gracias a un circuito cerrado y rápido de las sustancias nutritivas. cuando una planta muere, se descompone rápidamente, y los elementos vitales (nitrógeno, fósforo, calcio y potasio) son absorbidos de inmediato por otras plantas, para lo que cuentan con raíces poco profundas la función de los seres degradadores es de vital importancia la selva tropical presenta el mejor ejemplo de interdependencia de todos sus componentes esta armonía hace posible que el ecosistema, a pesar de su fragilidad, haya sobrevivido y prosperado durante millones de años.

El texto se puede estructurar en dos párrafos. Señala con doble raya (//) el punto y aparte que los separaría.

6 Lee correctamente la siguiente carta, escrita al director de un periódico. Fíjate en el empleo de los signos de puntuación.

> Muy Sr. mío:
>
> He leído en el periódico "La Bola", que Ud. dirige, que el parque Princesa Margarita está muy sucio porque los niños que allí jugamos tiramos los papeles al suelo.
> Verdaderamente el parque está sucio, pero no por tirar papeles los niños, sino porque los mayores van allí a pasear con los perros y permiten que hagan sus necesidades en la arena donde juegan los más pequeños.
> Espero que publique esta carta porque ya estoy harta de que nos echen siempre la culpa a los niños. Le saluda atentamente.
> Marta.

 aprende: **Se escribe punto detrás de las abreviaturas: Sr. *(señor)*, Ud. *(usted)*, etc. *(etcétera)*.**

7 Escribe una carta al director de un periódico pidiendo que publique alguna noticia de interés para tu pueblo o barrio.

....
....
....
....
....
....
....

8 AVERIGUA LO QUE SABES. Escribe los puntos omitidos y redondea con un círculo la letra que debe escribirse en mayúscula.

Las hormigas rojas

La hormiga roja es uno de los insectos más temibles de la selva que, a pesar de ser ciega, se desplaza continuamente cuando se ponen en marcha, forman a veces columnas de varios kilómetros millones de individuos se mueven en ella y, a su paso, huyen todos los animales nadie puede parar su avance comen toda clase de carne que encuentran viva o muerta, desde un pequeño saltamontes hasta un rinoceronte aunque sea muy grande el animal, si es atacado por las hormigas rojas, quedará reducido al esqueleto en pocos minutos.

11

Los puntos suspensivos (...)

9 Lee atentamente las siguientes oraciones.

- Si decides venir con nosotros, llama antes de las seis.
- Los planetas del sistema solar son: Mercurio, Venus, Tierra, Marte, Júpiter, Saturno, Urano, Neptuno y Plutón.

- Si decides venir con nosotros...
- Los planetas del sistema solar son: Mercurio, Venus, Tierra...

La lectura de los puntos suspensivos se realiza con una entonación sin ascensos ni descensos, ya que se trata de frases incompletas.

aprende: **Los puntos suspensivos son siempre tres y se utilizan cuando dejamos la frase en suspenso, sin terminar.**

10 Lee con atención y escribe los puntos suspensivos omitidos.

- Me imagino que usted lo que busca es
- Aquí puedes aplicar el refrán: «A mal tiempo   »
- Ya ha eliminado a los franceses, a los ingleses, a los italianos
- Ya te he dicho muchas veces   Bueno   , prefiero callarme.
- ¡Cómo me iba yo a imaginar que   si parecía tan formal!

11 Imagínate lo que te gustaría ser de mayor y escribe tres frases en las que tengas que emplear los puntos suspensivos. Puedes empezar así:

Yo quisiera ser..., quisiera ser... astronauta.

....

....

....

12 En el siguiente texto faltan, en cinco ocasiones, los puntos suspensivos. Señala con una raya vertical (/) dónde deberían escribirse.

El poder benefactor de la Luna

La Biblia relata cómo Dios creó el Sol, las estrellas, la Luna, en fin, todos los astros. No obstante, las religiones antiguas (los griegos, los egipcios, los babilonios) rendían culto; en calidad de dioses, a los astros.

Por lo general, se atribuía a la Luna un poder benefactor. Su luz ofrecía protección contra los enemigos y los animales salvajes, originaba la lluvia y la fecundidad Pero también se tenía temor porque se sabía que regía las mareas, podía causar la locura en los hombres

13 Lee los siguientes textos y observa la diferencia entre uno y otro.

La Luna y la poesía

Con su mágica luz y belleza constantemente variable, la Luna también se convirtió en símbolo de la poesía, del amor y de los sueños, celebrado por los poetas de todos los tiempos. Safo, poetisa de la antigua Grecia, hizo versos sobre la nueva luz de la luna llena, que bañaba los prados floridos; el famoso poeta chino Li Taipo, al tratar de prender en el agua la imagen de la Luna, se ahogó en un río. Especialmente, la poesía y el arte del romanticismo encontraron en la Luna su motivo favorito.

Con su mágica luz y belleza constantemente variable, la Luna también se convirtió en símbolo de la poesía, del amor y de los sueños (...) Especialmente, la poesía y el arte del romanticismo encontraron en la Luna su motivo favorito.

Enciclopedia COMBI. Ed. Dánae.

aprende: **Se escriben puntos suspensivos cuando, al copiar un texto, se suprime algún pasaje innecesario. En tal caso, se suelen incluir entre corchetes [...] o paréntesis (...).**

14 Escribe el siguiente texto omitiendo la segunda frase.

Paso a paso, la Luna ha sido desposeída de su misticismo. En 1616 Galileo enfocó, por primera vez, un anteojo y vio sus planicies y montañas. En 1946, mediante ondas hertzianas, se logró contacto con la Luna, y se registraron ondas de radar reflejadas en nuestro satélite.

Tema: *La conquista del espacio.*

....
....
....
....
....

15 AVERIGUA LO QUE SABES. Escribe los puntos suspensivos omitidos.

La Luna y las plantas

Son numerosas las creencias y prácticas agrícolas basadas en las fases lunares: luna llena, cuarto menguante, luna

Es sabido que la luna refleja la luz del sol sobre la tierra. Es más débil, pero a veces más efectiva, pues tiene una mayor penetración en el suelo y favorece la germinación de las semillas. De ahí que muchos labradores sigan un calendario lunar para realizar sus labores.

- **Acciones a realizar en cuarto creciente**: siembra y trasplante de hortalizas, plantas aromáticas, de arbustos, de
- **Acciones a realizar en cuarto menguante**: recogida de frutos, preparación del terreno para los nuevos cultivos, trasplante de árboles frutales

Los dos puntos (:)

16 Lee el texto de la siguiente postal y señala con un círculo los dos puntos empleados.

Querida María:

Como ves, te escribo desde la isla de la Palma. Mi hermano Jorge ha terminado la carrera y mi padre ha organizado un viaje para celebrarlo toda la familia. Vamos a recorrer cuatro islas: Gran Canaria, Lanzarote, el Hierro y la Palma. La gente de estas islas es muy amable y he visto tal variedad de paisajes que no entiendo cómo los españoles vamos de turismo al extranjero sin conocer estas tierras.

Mi padre aprovecha cualquier ocasión para recordarnos el refrán: "A Dios rogando y con el mazo dando". Y es verdad que Jorge ha trabajado mucho y ha sacado la carrera año a año, no como yo.

Cuando llegue a Sevilla, espero verte.

Un beso.   Enrique.

P.D.: No he roto con Ana. Te informaron mal.

Srta. María Gonzále
Avda de las Pirámi

41015 SEV

aprende:

Se emplean los dos puntos:

- **En los saludos de las cartas y después de las palabras** *expone, solicita, declara,* **etcétera, de los escritos oficiales.**
- **Antes de una enumeración.**
- **Antes de una cita textual, en la que se reproducen palabras de un personaje.**

17 Lee las siguientes frases y escribe los dos puntos cuando convenga.

- Las cuatro provincias gallegas son A Coruña, Lugo, Orense y Pontevedra.
- Aquí podemos aplicar el refrán «A Dios rogando y con el mazo dando».
- El sabio griego Arquímedes dijo «Dadme una palanca y moveré el mundo».
- Muy señor mío Le agradeceré que me envíe el libro *Viaje a la Alcarria*...
- En Madrid se editan varios periódicos *ABC, El País, La Razón,* etcétera.

18 Escribe una postal o una carta contando cómo es el lugar donde pasas las vacaciones. Debes emplear los dos puntos en los tres casos que has aprendido.

19 Lee con atención y escribe los dos puntos cuando corresponda.

Jaimito vuelve muy contento del colegio y su madre le dice
—¡Qué contento vienes! ¿Te gusta mucho ir al colegio, verdad?
Y Jaimito le contesta
—Mamá, por favor, no confundas la ida con la vuelta.

aprende: **Se escriben dos puntos en los diálogos detrás de las palabras *dijo, preguntó, explicó, contestó* y otras de significado parecido.**

20 Lee con atención el chiste siguiente y escribe los dos puntos cuando convenga.

Una señora, asombrada del bigote del señor sentado junto a ella en el autobús, le dice
—Vaya un bigote que tiene usted.
Y el señor le contesta
—Porque me sale de las narices.
La señora le replica, muy enfadada
—¡Hasta luego, mal educado!

21 AVERIGUA LO QUE SABES. En el siguiente texto faltan los dos puntos. Escríbelos.

Cuando Luis quiso ocupar la plaza de alguacil del pueblo, necesitó solicitarla a través de una instancia dirigida al alcalde. Entonces fue a casa de don Marcelino, el maestro, y le dijo
—Tengo que escribir una instancia al alcalde solicitando la plaza de alguacil y no sé cómo redactarla.
Entonces el maestro, con la paciencia de siempre, le indicó
— Ahí tienes papel y lápiz; copia este modelo que tengo yo aquí.

> Marcelino Pérez García, Profesor de Educación Primaria de Sanzoles (Zamora), destinado en el Colegio Público Las Fuentes
> EXPONE
> 1.º Que se ha estropeado la calefacción del colegio, hecho que se repite desde hace dos años con relativa frecuencia.
> 2.º Que el técnico dice que se necesita una nueva caldera.
> De acuerdo con todo lo anterior
> SOLICITA
> Se sirva dar las órdenes oportunas para proceder a una reparación definitiva, con el fin de que los escolares no pasen frío.
> En Sanzoles, a 8 de diciembre de 2008.
> SR. ALCALDE DE SANZOLES (ZAMORA).

Tapa los textos originales con una cuartilla y realiza estos ejercicios.

Sigue la pista. Copia el texto siguiente escribiendo: 4 puntos, uno de ellos punto y aparte; 2 dos puntos; 2 puntos suspensivos. Señala con un círculo la letra que debe ir en mayúscula.

El libro del cuándo

Hoy se escucha muy a menudo la palabra energía eléctrica, energía mecánica, energía nuclear el término es muy antiguo, pues se remonta a los albores de la humanidad la única forma de energía que conocía el hombre primitivo era la muscular, ya que con la simple fuerza de sus músculos obtenía todo lo necesario para vivir y dominar la naturaleza el hombre se percató muy pronto de que podía aumentar la energía de que estaba dotado mediante la utilización de instrumentos especiales un trozo de madera, un trozo de hueso, una piedra afilada se convertían en elementos más eficaces que la simple mano desnuda de hecho, una de las principales características que distingue al hombre de los animales es la capacidad para modelar objetos naturales con fines definidos

....
....
....
....
....
....
....
....
....
....
....

Comprueba ahora tus aciertos.

El libro del cuándo

Hoy se escucha muy a menudo la palabra energía: energía eléctrica, energía mecánica, energía nuclear... El término es muy antiguo, pues se remonta a los albores de la humanidad. La única forma de energía que conocía el hombre primitivo era la muscular, ya que con la simple fuerza de sus músculos obtenía todo lo necesario para vivir y dominar la naturaleza.

El hombre se percató muy pronto de que podría aumentar la energía de que estaba dotado mediante la utilización de instrumentos especiales: un trozo de madera, un trozo de hueso, una piedra afilada... se convertían en elementos más eficaces que la simple mano desnuda. De hecho, una de las principales características que distingue al hombre de los animales es la capacidad para modelar objetos naturales con fines definidos.

GIUSEPPE ZANINI: *El libro del cuándo.* Ed. Dánae.

Lee la siguiente fábula y escribe los *puntos, dos puntos y puntos suspensivos* que convenga. Señala con un círculo la letra que debe escribirse con mayúscula después de punto.

El lobo y el cordero

Un lobo vio un cordero bebiendo en un arroyo y empezó a imaginarse pretextos para devorarle así, a pesar de encontrarse más arriba, le acusó de enturbiar el agua e impedirle beber el cordero respondió que sólo bebía con la punta de los labios y que, además, hallándose más abajo, mal podría enturbiar el agua que corría más arriba entonces el lobo viéndose burlado insistió

—Pero el año pasado injuriaste a mi padre

El cordero le contestó asombrado

—¡En ese tiempo ni siquiera había nacido!

Entonces el lobo replicó

—Tú te justificas en todo muy bien, pero no por ello he de dejar de devorarte

Esta fábula enseña que, ante las acusaciones del más fuerte, toda defensa justa

Comprueba ahora tus aciertos y anota el número de errores:

.... puntos; .... dos puntos; .... puntos suspensivos.

El lobo y el cordero

Un lobo vio un cordero bebiendo en un arroyo y empezó a imaginarse pretextos para devorarle. Así, a pesar de encontrarse más arriba, le acusó de enturbiar el agua e impedirle beber. El cordero le respondió que sólo bebía con la punta de los labios y que, además, hallándose más abajo, mal podría enturbiar el agua que corría más arriba. Entonces el lobo viéndose burlado insistió:

—Pero el año pasado injuriaste a mi padre.

El cordero le contestó asombrado:

—¡En ese tiempo ni siquiera había nacido!

Entonces el lobo replicó:

—Tú te justificas en todo muy bien, pero no por ello he de dejar de devorarte.

Esta fábula enseña que, ante las acusaciones del más fuerte, toda defensa justa...

Fábulas de Esopo (adaptación).

La coma (,)

22 La coma señala en la escritura una pausa inferior a la del punto. Lee con atención enfatizando las pausas y señala con un círculo las comas del texto.

El tordo, la paloma y el zorro

El tordo, la paloma y el zorro decidieron trabajar juntos en un monte.

—Si vosotros hacéis el cerco, yo cavaré el suelo, dijo el zorro.

La paloma y el tordo cercaron el terreno, y el zorro dijo:

—Si vosotros caváis, yo sembraré el trigo.

Cavaron la paloma y el tordo, y el zorro dijo:

—Si vosotros sembráis los trigos, yo los segaré.

La paloma y el tordo sembraron y segaron, y vino la partición.

—Porque tú eres blanca, paloma, para ti la paja.

—Porque tú eres negro, tordo, para ti la cizaña.

—Porque yo soy el zorro de la cabeza roja, para mí los trigos.

ANA MARÍA PELEGRÍN: *La aventura de oír.* Ed. Cincel.

23 Lee las siguientes frases y observa el uso de la coma.

- El tordo, la paloma y el zorro decidieron trabajar juntos.
- Ni la paloma ni el tordo comprendieron la astucia del zorro.
- ¿Cuál es el personaje negativo de esta historia el tordo, la paloma o el zorro?

aprende: **Se emplea la coma para separar palabras o frases que forman una enumeración o serie cuando no van unidas con las conjunciones *y, o, ni.***

24 Escribe las comas omitidas en las siguientes frases.

- Las partes variables de la oración son: nombre determinante adjetivo pronombre y verbo.
- Ni la preposición ni la conjunción son partes variables.
- El adverbio la preposición y la conjunción son palabras invariables.
- Platero es pequeño peludo y suave.
- En esta evaluación he tenido dos suficientes un notable y dos sobresalientes.
- Ni tú ni yo podremos acompañarle.
- ¿Quiere el té solo o con leche?
- Ya no somos jóvenes ni viejos.

25 Observa el empleo de la coma cuando nos dirigimos al interlocutor en una conversación.

- Profesor, ya he terminado el ejercicio.
- A ver, Luisa, salga a la pizarra a corregir el problema.
- Mira hacia arriba, Antonio.

El vocativo se escribe seguido de coma si va al principio de la frase, precedido de coma si va al final y entre comas si va en medio.

26 Subraya el nombre en función de vocativo y escribe las comas correspondientes.

- Vete de ahí chucho. Ej.: *Vete de ahí, chucho.*
- Luis ayúdame a mover esta mesa.
- Quítate de ahí Ana que no veo la pizarra.
- Te has enfadado sin razón Alberto.
- Antonio ¿vas a venir esta tarde al cine?
- ¿Estás ahí mamá?

27 Lee las siguientes frases y fíjate en las pausas y en el uso de la coma.

- Don Antonio, mi tutor, está enfermo.
- El lunes, según ha dicho el director, iremos de excursión.
- El perro, como todo el mundo sabe, es el mejor amigo del hombre.

Se emplea la coma para limitar una aclaración o ampliación que se inserta en la oración.

28 En las siguientes oraciones hay aclaraciones que deben escribirse entre comas. Subráyalas y escribe las *comas* necesarias.

Ej.: La señorita Raquel profesora de matemáticas no ha venido hoy.

   La señorita Raquel, profesora de matemáticas, no ha venido hoy.

- Mi primo excelente albañil me ha ampliado esta habitación.
- Luis el hijo del director ha ganado la carrera.
- Ana mi tía de Valladolid vendrá a vivir con nosotros.
- Juan Ramón Jiménez poeta universal escribió *Platero y yo.*
- Con la verdad dice mi padre se va a todas partes.
- Más vale pájaro en mano que ciento volando dice el refrán.

29 AVERIGUA LO QUE SABES. Lee con atención y escribe la coma cuando convenga.

- Este coche es blanco negro y amarillo.
- Isabel la pequeña de mi clase es la más lista.
- Alberto no es alto ni bajo.
- Bruno ¿has visto a Ana esta mañana?
- ¿Vas vienes o te quedas?
- Yo no he tirado papeles al suelo profesora.
- Voy a merendar pan queso y chocolate.
- París capital de Francia es una bella ciudad.
- Los romanos tomaron de los griegos muchos dioses y diosas y les dieron nuevos nombres. Así Zeus el dios supremo de los griegos se llamó Júpiter. Afrodita la diosa del amor se llamó Venus. Poseidón dios del mar fue Neptuno y Ares dios de la guerra se llamó Marte.

30 Lee las siguientes frases enfatizando las pausas y observa el empleo de la coma.

- El jueves tengo el examen final, *es decir*, comienzo las vacaciones.
- Mis hermanos viven todos en la ciudad, *sin embargo*, no se ven con frecuencia.

aprende: Se escriben entre comas las expresiones *esto es, es decir, en fin, por último, por consiguiente, sin embargo, no obstante* y otras parecidas.

31 Lee las siguientes frases y escribe las comas que faltan.

Ej.: He aprobado todo por tanto paso a Bachillerato.

He aprobado todo, por tanto, paso a Bachillerato.

- He suspendido tres por consiguiente tengo que realizar trabajos durante el verano.
- Ha quedado en segundo lugar no obstante no está satisfecho.
- El accidente no ha sido grave es decir no tan grave como pensábamos.
- Esta tarde he estudiado he leído he visto el partido; en fin me lo he pasado fenomenal.

32 Escribe frases en las que emplees las siguientes expresiones.

sin embargo: *Ha aprobado todo, sin embargo, no está contento.*
por último: ....
es decir: ....
por consiguiente: ....
no obstante: ....

33 Lee con atención y escribe las comas omitidas.

El pueblo romano asistía los días festivos para entretenerse al anfiteatro al teatro y al circo. Era por tanto un pueblo muy alegre. En el teatro gustaban más de sus actores favoritos, sus máscaras y rico vestuario que de la obra en sí. El circo tenía forma oval es decir forma de huevo y allí se celebraban las carreras de caballos. El anfiteatro tenía forma circular y el ruedo la arena podía convertirse en lago para celebrar espectáculos navales. Tenían un toldo conocido por velárium que protegía al público del sol.

34 Observa cómo al invertir el orden en las siguientes oraciones aparece una pausa que se señala con una coma.

- Llegamos al pueblo al caer la tarde.
- Podremos esperarte si vienes antes de las ocho de la tarde.

- Al caer la tarde, llegamos al pueblo.
- Si vienes antes de las ocho de la tarde, podremos esperarte.

Se usa coma cuando se invierte el orden habitual de una oración y se antepone la expresión que señala una circunstancia de lugar, tiempo, causa, finalidad, condición, etc.

35 Altera el orden de las siguientes oraciones y escribe la coma que señala la pausa.

Ej.: Estos zapatos no son apropiados para ir de excursión.

Para ir de excursión, estos zapatos no son apropiados.

• Saldremos de casa cuando nos llames por teléfono.

....

• Espero tu llamada para que nos confirmes la hora de llegada.

....

• No hablarías así de tus padres si supieras cuánto te quieren.

....

• Te lo he dado porque te lo tienes muy merecido.

....

• Te dejaré ir al cine aunque no te lo mereces.

....

• Puedes venir si quieres acompañarnos.

....

36 AVERIGUA LO QUE SABES. Lee con atención y escribe la coma cuando convenga.

• Al salir el domingo del cine me encontré a Juan en la puerta.
• Llámame antes de salir en el caso de que decidas venir con nosotros.
• Puesto que ya lo sabes no te lo voy a decir otra vez.
• A pesar de que está muy gordo corre mucho.
• Aunque me lo dijeras puesto de rodillas no lo creería.
• Si vas al cine con Ana esta tarde avísame.
• Cuando termine mis deberes iré a buscarte para jugar un partido.
• Si no has podido acabar antes de las siete déjalo para mañana.
• Antes de que pudiera hablar todos empezaron a aplaudir.
• Cuando las niñas romanas cumplían doce años solían contraer matrimonio. Antes de celebrar la boda se consultaba a los dioses. Si los dioses manifestaban que el día era fasto se celebraba la boda y si era nefasto se aplazaba. Al finalizar la ceremonia se hacía una ofrenda a los dioses y se celebraba un gran banquete.

El punto y coma (;)

37 Lee de manera entonada los siguientes textos.

La parte de atrás de la casa de los hidalgos daba a una hondonada; tenía una gran galería de cristales y estaba hecha de ladrillos con entramado negro; enfrente se erguía un monte de dos mil pies, según el mapa de la provincia, con algunos caseríos en la parte baja y, en la alta, desnudo de vegetación y sólo cubierto a trechos por encinas y carrascos.	*La parte de atrás de la casa de los hidalgos daba a una hondonada. Tenía una gran galería de cristales y estaba hecha de ladrillos, con entramado negro. Enfrente se erguía un monte de dos mil pies, según el mapa de la provincia, con algunos caseríos en la parte baja y, en la alta, desnudo de vegetación y sólo cubierto a trechos por encinas y carrascos.*

PÍO BAROJA: *Zalacaín el aventurero.*

● ¿Qué diferencias encuentras en cuanto a la puntuación?

....

● ¿Y en cuanto a la entonación? ....

El uso del **punto y coma** es muy difícil, pues su pronunciación es casi igual que la del punto y en la mayoría de los casos podría sustituirse por éste. Por ello, ambos textos están puntuados correctamente.

38 Lee con atención el texto y escríbelo de manera que evites el empleo del punto y coma.

Al salir Arizmendi con su mujer y sus hijas de misa, Cacochipi y su discípulo cayeron sobre ellos y les dieron un sin fin de apretones y de golpes; Joshé recordó a Arizmendi que tenía dentadura postiza, a su mujer que se ponía añadidos, y a la hija mayor el novio, con quien había reñido; y, después de otra porción de cosas igualmente oportunas, se marcharon las dos máscaras dando brincos.

PÍO BAROJA: *Zalacaín el aventurero.*

....

....

....

....

....

....

39 Lee con atención y observa el uso del punto y coma.

- Ramón se enfada con frecuencia, pero se le pasa enseguida.

- Estudia todas las tardes, sin embargo, rinde poco.

- Ramón se enfada con frecuencia y, a veces, parece que va a cometer una locura; pero es un buen chico, y se le pasa enseguida.

- Estudia todas las tardes y, a veces, está en su habitación sin levantarse de la silla más de tres horas; sin embargo, rinde poco.

 aprende: **Se emplea el punto y coma delante de palabras o expresiones como *pero, aunque, sin embargo, no obstante, excepto, a no ser que* y otras parecidas, cuando las oraciones son extensas para facilitar la comprensión de las mismas.**

40 Lee con atención y escribe coma o punto y coma, según convenga.

- Ya hemos comprado los lápices, los rotuladores, las pinturas y los pinceles no obstante, nos hemos olvidado de las cartulinas.
- Sé que lo has hecho tú pero no lo reconocerás nunca.
- Tiene un genio que se hace insoportable sin embargo es un excelente compañero.
- Recuerda que has de escribir punto y coma delante de la conjunción *pero* cuando la oración es extensa sin embargo pondrás coma si la oración es breve.
- Si quieres acompañarme al gimnasio cuando acabe la clase, te lo agradeceré no obstante, lo dejo a tu elección.
- Juan lo sabe pero es muy discreto y no se lo dirá a nadie.
- Llegaremos a casa a la hora de la cena a no ser que encuentre atasco en la carretera.
- En la reunión de antiguos alumnos estuvimos todos excepto Marina y Berta.

41 AVERIGUA LO QUE SABES. En el texto siguiente hay tres puntos y seguido que podrían conmutarse por puntos y coma, sin que el sentido del texto variara. Señálalos con un círculo.

El ecosistema de la charca

La charca es una pequeña porción de agua dulce, detenida en una hondonada del terreno. En ella se encuentra todo un pequeño mundo viviente: hay una asociación de vegetales y animales influidos por la temperatura, la humedad y las sustancias alimenticias.

En las orillas de la charca crecen vegetales con sus raíces metidas en el barro y parte de su tallo en el aire, como juncos y espadañas. Flotando en el agua, los nenúfares con sus grandes hojas. Y siempre una gran cantidad de algas microscópicas.

Entre este mundo vegetal se encuentra una gran cantidad de animales, asociados entre sí y con las plantas que le rodean. Hay invertebrados como insectos, arañas, cangrejos, gusanos y moluscos; vertebrados como peces, ranas, culebras, etcétera. Y gran variedad de animales microscópicos.

ÁNGEL SABUGO: *Un ecosistema único.* Ed. Nebrija.

Tapa los textos originales con una cuartilla y realiza estos ejercicios.

Imagínate que el texto siguiente es un examen de un compañero que se ha olvidado de emplear los signos de puntuación. Escríbelo de nuevo puntuado correctamente. Escribe mayúscula después de punto.

¿Cuántas células tiene una persona?

Aunque nadie las ha contado se estima que nuestro cuerpo está formado por la friolera de 100 billones de células es decir un uno seguido de 14 ceros cada una de ellas contiene una molécula de ADN encerrada en una especie de cofre que es el núcleo celular salvo los hematíes o glóbulos rojos que están huecos para transportar mayor cantidad de oxígeno los biólogos estiman que cada día perdemos un total de 440.000 millones de células que inmediatamente son reemplazadas por otras nuevas sólo la médula de los huesos fabrica 13 millones de células sanguíneas cada hora esto no es así para las células nerviosas o neuronas, que en un principio no se regeneran se sabe por ejemplo que en una intoxicación etílica o borrachera se pierden para siempre cientos de miles de células del cerebro

....
....
....
....
....
....
....
....
....
....
....

¿Cuántas células tiene una persona?

Aunque nadie las ha contado, se estima que nuestro cuerpo está formado por la friolera de 100 billones de células, es decir, un uno seguido de 14 ceros. Cada una de ellas contiene una molécula de ADN encerrada en una especie de cofre que es el núcleo celular, salvo los hematíes o glóbulos rojos, que están huecos para transportar mayor cantidad de oxígeno. Los biólogos estiman que cada día perdemos un total de 440.000 millones de células que inmediatamente son reemplazadas por otras nuevas.

Sólo la médula de los huesos fabrica 13 millones de células sanguíneas cada hora. Esto no es así para las células nerviosas o neuronas, que en un principio no se regeneran. Se sabe, por ejemplo, que en una intoxicación etílica o borrachera se pierden para siempre cientos de miles de células del cerebro.

MUY INTERESANTE: *El libro de las preguntas y respuestas.*

Sigue la pista. En el siguiente texto, tienes que escribir: nueve puntos, dos veces dos puntos, dos puntos y comas y once comas.

Cómo nació el primer alfabeto

En los primeros intentos de escritura cada signo representaba una palabra para escribir un pájaro se dibujaba un pájaro para escribir hombre se dibujaba un hombre aparte las cosas se representaban también las acciones para expresar la acción de golpear se dibujaba un hombre blandiendo un bastón y para expresar el concepto de frescor se dibujaba un jarrón lleno de agua los egipcios realizaron también otros progresos lingüísticos pero jamás consiguieron un auténtico alfabeto

No se sabe quién inventó el alfabeto ni cuándo tuvo lugar este hecho tal vez fueron algunos semitas que hacia el año 1500 a. C. examinando los jeroglíficos egipcios extrajeron de ellos algunos signos aptos para representar los sonidos de la lengua dichos signos fueron modificados posteriormente por los fenicios quienes lo difundieron por todo el mundo antiguo

El alfabeto de los fenicios pasó a los griegos quienes añadieron algunas letras Los romanos herederos de la cultura griega lo difundieron a través de su vasto imperio De esta manera llegó a España que formó parte del Imperio Romano durante varios siglos y recibió su civilización su lengua y cultura.

Comprueba ahora tus aciertos y anota el número de errores:

....

....

....

II

Cómo nació el primer alfabeto

En los primeros intentos de escritura, cada signo representaba una palabra: para escribir un pájaro, se dibujaba un pájaro; para escribir hombre, se dibujaba un hombre. Aparte las cosas, se representaban también las acciones. Para expresar la acción de golpear, se dibujaba un hombre blandiendo un bastón; y para expresar el concepto de frescor, se dibujaba un jarrón lleno de agua. Los egipcios realizaron también otros progresos lingüísticos, pero jamás consiguieron un auténtico alfabeto.

No se sabe quién inventó el alfabeto ni cuándo tuvo lugar este hecho. Tal vez fueron algunos semitas que, hacia el año 1500 a.C., examinando los jeroglíficos egipcios, extrajeron de ellos algunos signos aptos para representar los sonidos de la lengua. Dichos signos fueron modificados posteriormente por los fenicios, quienes lo difundieron por todo el mundo antiguo.

El alfabeto de los fenicios pasó a los griegos, quienes añadieron algunas letras. Los romanos, herederos de la cultura griega, lo difundieron a través de su vasto imperio. De esta manera llegó a España, que formó parte del Imperio Romano durante varios siglos y recibió su civilización: su lengua y cultura.

El libro del cómo. Ed. Dánae (adaptación).

Interrogación (¿?) y exclamación (¡!)

42 Lee con atención los bocadillos de la siguiente tira de Quino y observa el empleo de los signos de puntuación.

● Escribe las frases de la tira que:

- formulan una pregunta:

....

....

- expresan alegría, sorpresa, etcétera:

....

....

- simplemente afirman o niegan un hecho:

....

....

aprende:
- **Se escriben signos de interrogación al principio y final de oraciones o frases en las que se formula de modo directo una pregunta.**
- **Se escriben signos de exclamación al principio y final de oraciones o frases exclamativas.**
- **Después de los signos de interrogación y de exclamación no se escribe punto.**

43 Transforma las siguientes frases en interrogativas y exclamativas.

- Has vuelto a ganar.   *¿Has vuelto a ganar?*   *¡Has vuelto a ganar!*
- Hemos venido pronto.   ....
- Estás muy contento hoy.   ....
- Aquí hay demasiada gente.   ....
- Jorge ha sacado las entradas.   ....

44 Completa las siguientes oraciones con expresiones interrogativas y exclamativas.

- Nada más llegar, preguntó: *¿Has traído el dinero?*
- ...., exclamó sollozando
- ...., me preguntó a bocajarro.
- Luis gritó desde la ventana: ....
- ...., dice Ana cuando se enfada.

45 Observa las diferentes maneras de formular una pregunta:

● **Directamente: interrogativa directa**

- Me preguntó: *¿Tiene usted dinero?*
- *¿Dónde has dormido anoche?*

● **Indirectamente: interrogativa indirecta**

- Me preguntó que *si tenía dinero.*
- Quiero saber *dónde has dormido anoche.*

aprende: **Cuando se formula la pregunta indirectamente, no se escriben signos de interrogación.**

46 Distingue entre interrogativas directas e indirectas y escribe los signos de puntuación cuando corresponda.

Sólo preguntó que si íbamos a ir con él al cine.	*Indirecta.*
Sólo preguntó: ¿Venís conmigo al cine?	*Directa.*
Una pregunta me agradó: Vienes a vivir con nosotros.	....
Deseo saber si te quedas con nosotros.	....
Pregunta que cuándo pensáis llegar.	....
Dime claramente: Me vas a ayudar o no.	....

47 AVERIGUA LO QUE SABES. En las siguientes frases hay expresiones interrogativas y exclamativas. Escribe los signos que correspondan.

Socorro, que me ahogo.	*¡Socorro, que me ahogo!*

Contéstame enseguida si lo has visto en el colegio o no.

Contéstame enseguida: Lo has visto en el parque o no.

Has aprobado todo —me preguntó con gran inquietud.

He aprobado todo —exclamó muy contento.

Estábamos tan tranquilos sentados y gritó: Todos al agua.

Pregúntale que cuándo piensa prestarnos la bicicleta.

La raya (—)

48 Lee con atención el texto siguiente y observa cómo diferenciamos la narración del diálogo.

Viaje a la Alcarria

Al viajero le sirve una muchacha mona, un poco coqueta, que lleva un vestido de percal.
—¿Cómo te llamas?
—Merceditas, para servirle. Me dicen Merche.
—Es un nombre muy bonito.
—No, señor; es un nombre muy feo.
—¿Cuántos años tienes?
—Diecisiete.
—Eres muy joven...
—No, señor, ya no soy muy joven.
—¿Tienes novio?
—¡Huy, cuánto quiere saber!
La muchacha se pone colorada y huye a la cocina. Cuando vuelve, viene muy seria y cambia el plato al viajero sin mirarle.

C. J. CELA: *Viaje a la Alcarria*. Ed. Espasa-Calpe.

aprende: **Se emplea la raya para señalar cada una de las intervenciones de los personajes en un diálogo.**

49 Lee con atención los siguientes chistes y escribe la raya cuando convenga.

Un padre ayuda a su hijo a hacer los deberes.
El padre le dice:
Me temo, hijo, que algún día el profesor se dará cuenta de que soy yo el que te hace los deberes.
El hijo le responde:
Papá, en confianza, creo que ya lo sabe. Ayer me dijo que le parecía imposible que yo solo pudiera cometer tantos disparates.

Le preguntan a un condenado a muerte:
¿Cuál es su última voluntad?
No estar presente en la ejecución porque me horrorizan los muertos.

50 Redacta un texto empleando el siguiente argumento.
Ten en cuenta que has de emplear el relato y el diálogo.

En un restaurante, un señor se queja al camarero de que hay una mosca en la sopa. Éste le responde que no se preocupe, que está muerta.

....
....
....

51 Lee enfatizando las pausas y observa el uso de la raya.

Una vez, era un día pesado y bochornoso, había unos diez u once niños sentados en las gradas de piedra esperando a Momo, que se había ido a dar una vuelta, según solía hacer alguna vez. El cielo estaba encapotado con unas nubes plomizas. Probablemente habría pronto una tormenta.

—Yo me voy a casa —dijo una niña que llevaba un hermanito pequeño—. El rayo y el trueno me dan miedo.

—¿Y en casa? —preguntó un niño que llevaba gafas—, ¿es que en casa no te dan miedo?

—Sí —dijo la niña.

—Entonces, igual te puedes quedar aquí —respondió el niño.

MICHEL ENDE: *Momo.* **Ed. Alfaguara.**

52 Lee atentamente los siguientes chistes y escribe las rayas correspondientes.

Mi general, hemos perdido la batalla dice el coronel.
¡Que la busquen! contesta irritadísimo el general.

Viajan en un tren un niño acompañado de su padre. El vagón va lleno de gente, y el niño se dedica a molestar a todo el mundo.
Si este niño fuera mío dice un señor , le daría dos bofetadas que le volvía la cara para atrás.
¡Ah!, si fuera hijo suyo le contesta el padre , ya hacía una hora que yo lo habría tirado por la ventana.

53 AVERIGUA LO QUE SABES. Escribe las rayas que faltan en la siguiente historia.

Un lobo hambriento se acercó a una casa y se puso a escuchar. Un niño lloraba desconsolado y la abuela le decía:
Calla, hijo, que si no, llamo al lobo para que te coma.
Que no, abuelita, que no gritaba el niño llorando con más fuerza.
Al oír esto, el lobo se detuvo y se puso a esperar. Llegada la noche, el lobo oyó cantar a la abuela:
Como venga el lobo, lo mataré, para que a mi niño le deje dormir decía la canción.
En esta casa dicen una cosa y después hacen otra dijo el lobo, y se fue por esos caminos a buscar mejor fortuna.

ESOPO: *Fábulas* (adaptación).

Paréntesis ()

54 El texto escrito entre paréntesis se lee en un tono más bajo que el normal. Lee adecuadamente las siguientes oraciones y fíjate en los signos de puntuación empleados.

> Aunque no era de noche, la abuela había adornado muy bonita la mesa, con ramos de acebo. En seguida me notaron que algo me pasaba, porque apenas pude probar la sopa (y eso que era una de aquella sopas tan buenas y tan calentitas que sabía preparar Marta).
>
> ANA MARÍA MATUTE: *Paulina*. **Ed. Lumen.**

- El euro, la moneda única de la UE (Unión Europea), empezará a usarla la gente en el año 2002.
- En Isla Cristina (Huelva) existe uno de los puertos pesqueros más importantes de España.
- Cervantes (el autor del *Quijote*) no murió pobre, como se ha repetido en diversas ocasiones, aunque sí sufrió estrecheces económicas.

aprende: **Se emplea el paréntesis:**
- **Para encerrar oraciones o frases aclaratorias que están desligadas del sentido de la oración en la que se insertan.**
- **Para encerrar datos aclaratorios, como fechas, lugares, explicación de abreviaturas, etcétera.**

55 Escribe los paréntesis cuando sea necesario.

- Esta ciudad me refiero a la parte antigua está muy abandonada.
- Se han publicado las oposiciones en el BOJA Boletín Oficial de la Junta de Andalucía.
- Cuando viene Luis menos mal que no lo hace con frecuencia, nos interrumpe todos los juegos.
- Dicen que Lope de Vega en su dilatada vida 1562-1635 escribió más de mil obras de teatro.
- En este libro de geografía, encontrarás un mapa actualizado fig. 34 de las nuevas fronteras europeas.

56 Escribe ahora frases célebres que conozcas, siguiendo el modelo siguiente.

Lo bueno, si breve, dos veces bueno (frase atribuida a Baltasar Gracián).

....
....
....
....

Las comillas («»)

57 Lee adecuadamente las siguientes frases y observa los signos de puntuación señalados con un círculo.

- Felipe II dijo: « Yo no mandé mis barcos a luchar contra los elementos».
- Y entonces contestó todo satisfecho: « Eso es lo que siempre os dije».
- Mi hermano es un « scout» y está en la categoría « ranger».
- Aquí se pasa « chuli», ¿verdad?

aprende: **Se emplean las comillas:**
- **Al principio y final de frases que reproducen exactamente lo que ha dicho un personaje.**
- **Cuando queremos resaltar alguna palabra o usamos palabras extranjeras.**

58 Escribe las comillas cuando convenga.

- Entremos en este pub, que hay un ambiente guay.
- La movida de Madrid es famosa en toda Europa. Todavía se puede decir: De Madrid al cielo.
- El presidente del Gobierno sufre stress por el esfuerzo que ha realizado en la campaña electoral.
- César dijo: Llegué, vi, vencí.
- Entremos en ese antro y tomemos un gin-tonic.
- Ya lo dice el refrán: Aunque la mona se vista de seda, mona se queda.

59 AVERIGUA LO QUE SABES. Escribe los paréntesis y comillas que faltan en el siguiente texto.

Logroño 15-7-89

Querido Óscar:

Mañana salgo para Lyon Francia para estudiar un curso de idiomas que organiza mi colegio. Mi padre quiere que estudie también francés porque dice que con el conocimiento de un solo idioma extranjero no se va a parte ninguna. Pienso pasármelo guay, a pesar de que eso de monsieur, madame y bonjour me resulta ahora un poco raro.

Deseo que te lo pases pipa, como todos los años. Escríbeme contándome tus rollos de verano.

Un beso muy fuerte.

Marisa

El guión (-) y la división de palabras

60 Las palabras han de dividirse al final de renglón por sílabas completas. Observa:

pizarra	pi-	piza-	**cacerola**	ca-	cace-	cacero-
	zarra	rra		cerola	rola	la

● Separa, como si fueran al final del reglón, las siguientes palabras.

mesa	cocinar	butaca	hígado	taburete
me-sa	*co-ci-nar*	....	....	....

estupendo	jardines	escaparate	transporte	fácilmente
....	....	....	....	....

61 Cuando se corta una palabra al final del renglón, no puede quedar una sílaba formada por una vocal al principio o al final. Observa:

CORRECTO		INCORRECTO	
ama-	aje-	a-	ajetre-
ble	treo	mable	o

● Fíjate y haz tú lo mismo.

ateneo	Amadeo	educador	hamaca	arrendar
ate-neo	....	....	....	....

Irene	gorjeo	Amanda	Eliseo	Antonio
....	....	....	....	....

62 En general, cada sílaba tiene una vocal, pero a veces tiene dos o tres vocales formando diptongos o triptongos. Los diptongos y triptongos no pueden separarse porque forman una sílaba. Observa:

	CORRECTO	INCORRECTO
tiempo	tiem-	ti-
	po	empo
copiáis	co-	copi-
	piáis	áis

● Ahora divide, como si fueran al final del renglón, las siguientes palabras.

luciérnaga	individuo	concordia	continuéis
lu-ciér-na-ga	....	....	....

guapo	puentecillo	aguardiente	ciempiés
....	....	....	....

63 A veces dos vocales van juntas en la palabra, pero pertenecen a sílabas distintas, porque van en hiato. En este caso pueden separarse. Fíjate y haz tú lo mismo.

realeza	Teodoro	lineal	bromeando	peón
re-a-le-za	*Te-o-do-ro*	....	....	
canturreando	deletreando	camaleón	campeón	israelita
....	....	....	....	....

64 Cuando una palabra contiene un prefijo, podrá separarse éste aun cuando no coincida tal división con la separación silábica. Así podemos separar indistintamente:

nosotros	*nos-otros*	o	*no-so-tros*
desanimar	des-animar	o	*de-sa-nimar*

Pero esto no es posible cuando haya de quedar en principio de línea una **h** precedida de consonante. Así es incorrecto: *de-shidratar* y habrá que escribir *des-hidratar*.

● Fíjate y haz tú lo mismo.

vosotros	desamparar	inanimado	deshojar	deshumanizar
....	....	....	....	....

65 Las letras dobles *ch, ll* y *rr* no pueden separarse porque pertenecen a la misma sílaba; en cambio, la doble *cc* se puede separar porque cada *c* pertenece a una sílaba diferente.

● Fíjate y haz tú lo mismo.

dirección	callada	muchacha	perrerías	coacción
di-rec-ción	....	....	....	....
satisfacción	acceso	calefacción	inyección	carreras
....	....	....	....	....

66 AVERIGUA LO QUE SABES. Separa las siguientes palabras como si fueran al final del renglón.

aunque	inusual	deshumanizar	leopardo	jersey
....	....	....	....	....
callejuela	accionar	funcionario	herrero	leímos
....	....	....	....	....
cohibido	ahorrador	precaución	dirección	arrear
....	....	....	....	....
ídolo	dioses	cacahuete	oliendo	inhumano
....	....	....	....	....

Tapa los textos originales con una cuartilla y realiza estos ejercicios.

En el texto siguiente se han omitido las rayas, la interrogación y exclamación. Escríbelas.

Las cosas de Quico

Le miraba al chico socarronamente, sacó otro Celta y lo encendió entornando los ojos y haciendo pantalla con las manos. Dijo Quico:

Está lejos África, Femio

Lejos.

Más que el estanque de los patos

Más.

Más que la Feria

Más.

Quico meditó unos segundos:

Y más que la Otra Casa de Papá

Más.

Quico agitó los dedos de la mano derecha:

Jobar dijo.

La Vítora estaba todavía trastornada. Dijo:

El chico este tiene cada cacho salida.

No es tonto, no el Femio se acercó a la Vítora: Así que tan amigos.

Ella le miró tiernamente:

A ver, qué remedio.

Y no vuelves a llorar

La Vítora denegó con la cabeza. Estaban frente a frente, sin obstáculos por medio y él se aproximó aún más, la enlazó por el talle y la besó en la boca. La mano de la Vítora se engarabitaba sobre la espalda del muchacho, junto al fuelle de la guerrera. Y, como no ofreciera resistencia, el Femio la volvió a besar ahincadamente, con los labios entreabiertos, ocultando los de la muchacha entre los suyos, un poco atornillados. Quico les miraba, los ojos atónitos, y, como aquello se prolongara, empezó a golpear la pierna del Femio y a gritar:

No la muerdas, tú

Pero ni la Vítora ni el Femio le oían, y él le golpeó de nuevo y de nuevo voceó:

No la muerdas, tú

Mas como el Femio no le hiciera caso, se puso de puntillas, abrió la puerta y salió corriendo por el pasillo, diciendo a voces:

Mamá, Domi, Juan, venir Femio está mordiendo a la Vito

Comprueba ahora tus aciertos y anota el número de errores:

....

Las cosas de Quico

Le miraba al chico socarronamente, sacó otro Celta y lo encendió entornando los ojos y haciendo pantalla con las manos. Dijo Quico:

—¿Está lejos África, Femio?

—Lejos.

—¿Más que el estanque de los patos?

—Más.

—¿Más que la Feria?

—Más.

Quico meditó unos segundos:

—¿Y más que la Otra Casa de Papá?

—Más.

Quico agitó los dedos de la mano derecha:

—¡Jobar! —dijo.

La Vítora estaba todavía trastornada. Dijo:

—El chico este tiene cada cacho salida.

—No es tonto, no —el Femio se acercó a la Vítora—: Así que tan amigos.

Ella le miró tiernamente:

—A ver, qué remedio.

—¿Y no vuelves a llorar?

La Vítora denegó con la cabeza. Estaban frente a frente, sin obstáculos por medio y él se aproximó aún más, la enlazó por el talle y la besó en la boca. La mano de la Vítora se engarabitaba sobre la espalda del muchacho, junto al fuelle de la guerrera. Y, como no ofreciera resistencia, el Femio la volvió a besar ahincadamente, con los labios entreabiertos, ocultando los de la muchacha entre los suyos, un poco atornillados. Quico les miraba, los ojos atónitos, y, como aquello se prolongara, empezó a golpear la pierna del Femio y a gritar:

—¡No la muerdas, tú!

Pero ni la Vítora ni el Femio le oían, y él le golpeó de nuevo y de nuevo voceó:

—¡No la muerdas, tú!

Mas como el Femio no le hiciera caso, se puso de puntillas, abrió la puerta y salió corriendo por el pasillo, diciendo a voces:

—¡Mamá, Domi, Juan, venir! ¡Femio está mordiendo a la Vito!

MIGUEL DELIBES: *El príncipe destronado.* Ed. Destino.

Sigue la pista. Escribe diez veces la raya; una vez los signos de exclamación; una vez el paréntesis; y tres palabras entrecomilladas; una vez los dos puntos.

La banda de Manolito Gafotas

Lo que estuvo claro desde la constitución de nuestra banda es que el jefe indiscutible sería Yihad, cosa que ya sabíamos desde el principio de los tiempos, con banda o sin ella. Luego tuvimos que buscarle un nombre, y no es por tirarme el folio, pero fue a mí a quien se le ocurrió

Ahora que la sita Asunción nos hace lavarnos a tope todos los días para no morir asfixiada, podíamos llamarnos la banda de los Pies Sucios y hacer honor a nuestro nombre diciendo esto me sentía completamente salvaje, yeah.

Serás tú el que puedas, porque a mí desde que la sita dijo que olíamos putrefactamente mi madre no me deja salir si no me he lavado con estropajo todas las partes de mi cuerpo dijo el Orejones.

Ni a mí dijo Paquito Medina.

La cruda realidad nos había chafado mi gran idea.

Entonces nos llamaremos Pies Limpios se le ocurrió al Orejones.

Le miramos de arriba abajo. Pies Limpios Una banda decente jamás se llamaría Pies Limpios. La desolación inundó el salón del Orejones.

Bueno, qué pasa, actuaremos sólo los fines de semana, cuando podemos ser los auténticos Pies Sucios esto lo dijo Yihad quitándose los calcetines y pisando el suelo.

Aquel fue el principio de los Pies Sucios, aquella mítica banda de Carabanchel Alto que actuaba solamente sábados y domingos, que tenía como meta en la vida luchar contra el mal, que no tenía un perro cinematográfico, pero se conformó con la Boni, la perra de la Luisa a la que había que llevar en brazos porque no era exactamente una perra de acción, y que no tenía un cobertizo pero que fijó el lugar de reunión en el árbol del Ahorcado.

Comprueba ahora tus aciertos y anota el número de errores:

La banda de Manolito Gafotas

Lo que estuvo claro desde la constitución de nuestra banda es que el jefe indiscutible sería Yihad, cosa que ya sabíamos desde el principio de los tiempos, con banda o sin ella. Luego tuvimos que buscarle un nombre, y no es por tirarme el folio, pero fue a mí a quien se le ocurrió:

—Ahora que la «sita» Asunción nos hace lavarnos a tope todos los días para no morir asfixiada, podíamos llamarnos la banda de los Pies Sucios y hacer honor a nuestro nombre —diciendo esto me sentía completamente salvaje, yeah.

—Serás tú el que puedas, porque a mí desde que la «sita» dijo que olíamos putrefactamente mi madre no me deja salir si no me he lavado con estropajo todas las partes de mi cuerpo —dijo el Orejones.

—Ni a mí —dijo Paquito Medina.

La cruda realidad nos había chafado mi gran idea.

—Entonces nos llamaremos Pies Limpios —se le ocurrió al Orejones.

Le miramos de arriba abajo. ¡Pies Limpios! Una banda decente jamás se llamaría Pies Limpios. La desolación inundó el salón del Orejones.

—Bueno, qué pasa, actuaremos sólo los fines de semana, cuando podemos ser los auténticos Pies Sucios —esto lo dijo Yihad quitándose los calcetines y pisando el suelo.

Aquel fue el principio de los Pies Sucios, aquella mítica banda de Carabanchel Alto que actuaba solamente sábados y domingos, que tenía como meta en la vida luchar contra el mal, que no tenía un perro cinematográfico, pero se conformó con la «Boni», la perra de la Luisa (a la que había que llevar en brazos porque no era exactamente una perra de acción), y que no tenía un cobertizo pero que fijó el lugar de reunión en el árbol del Ahorcado.

ELVIRA LINDO: *Pobre Manolito.* Ed. Alfaguara.

La acentuación

La palabra y la sílaba

 67 Lee con atención el siguiente poema.

A MARGARITA

Margarita, está linda la mar,
y el viento
lleva **esencia sutil de azahar;**
yo siento
en el alma una alondra cantar:
tu acento.
Margarita, te voy a contar
un cuento.

Éste era un rey que tenía
un palacio de diamantes,
una tienda hecha del día
y un rebaño de elefantes.

Un quiosco de **malaquita,**
un gran manto de **tisú,**
y una gentil princesita,
tan bonita,
Margarita,
tan bonita como tú.

RUBÉN DARÍO.

esencia sutil de azahar: olor suave de la flor del naranjo
malaquita: piedra semipreciosa de color verde
tisú: tela de seda, entretejida con hilos de oro y plata

Las palabras, en las frases, las pronunciamos o leemos en voz alta unidas, como encadenadas. Los sonidos que las forman no se emiten uno a uno, sino agrupados formando sílabas:

Mar-ga-ri-ta, es-tá lin-da la mar

 **La sílaba es el sonido o conjunto de sonidos que emitimos en cada uno de los cortes naturales que hacemos al hablar.**

68 Separa las sílabas en las palabras de los ocho primeros versos del poema.

....
....
....
....
....
....
....

Diptongos, triptongos e hiatos

69 La sílaba puede estar formada por uno o varios sonidos, pero siempre ha de tener, al menos, una vocal: *Mar-ga-ri-ta, lin-da, a-lon-dra, e-le-fan-tes.*

Hay también sílabas con dos o tres vocales. Lee con atención y observa:

vien to	**guau**	a **za har**
Lui sa	Para **guay**	**Le ón**
a **gua**	averi **guéis**	lí **ne a**

● Observa que, cuando varias vocales van unidas en una palabra, pueden ocurrir dos cosas:

- las vocales se pronuncian en una misma sílaba y forman **diptongos** y **triptongos**.
- las vocales pertenecen a sílabas diferentes: van en **hiato**.

aprende:
- **El diptongo es la unión de dos vocales en una misma sílaba.**
- **El triptongo es la unión de tres vocales en una misma sílaba.**
- **El hiato es el encuentro de dos vocales en la palabra, pero que pertenecen a sílabas diferentes:** *aza-har, Le-ón.*

70 Las palabras se componen de una o varias sílabas. Observa.

Mi	*pri-ma*	*es-tu-dia*	*ba-chi-lle-ra-to.*
monosílaba	**bisílaba**	**trisílaba**	**polisílaba**

Completa:

- la palabra de una sílaba se llama ....
- **bisílaba** es una palabra de ....
- si tiene tres sílabas es ....
- cuando tiene cuatro o más sílabas se llama ....

71 AVERIGUA LO QUE SABES. Completa el cuadro siguiente con palabras del poema que tienen diptongos, triptongos o hiatos.

Monosílabas	Bisílabas	Trisílabas	Polisílabas
voy			

El acento y la tilde

72 Lee con atención en voz alta y de manera entonada.

Por culpa de un simple acento

Por culpa de un simple acento
un tío de Panamá
creyó ver en casa al Papa:
no era más que su papá.
   Por un error semejante
un campesino de Po

buscaba afanoso un cazo
junto al lebrel que cazó.
   Para qué hablar del dolor
de aquel señor de Corfú
cuando, por un simple acento,
su cucu no hizo ni mu.

GIANNI RODARI: *El libro de los errores.* **Ed. Espasa-Calpe.**

● Observa que has pronunciado con mayor fuerza e intensidad algunas sílabas:

cul-pa   **sim**-ple   a-**cen**-to

y que en algunos casos se señala con una rayita dónde va esa intensidad:

tí-o   Pa-na-**má**   cre-**yó**

Por eso, hemos de distinguir entre acento y tilde.

aprende:

- **El acento es la mayor fuerza o intensidad con que pronunciamos una sílaba de la palabra.**
- **La tilde, o acento ortográfico, es una rayita que se escribe encima de la vocal que lleva el acento de la palabra.**

73 Conocer dónde va el acento de la palabra es importante porque permite diferenciar voces de significados distintos. Así, en la lectura, *Papa* (Sumo Pontífice) y *papá, cazo* y *cazó.*

● Explica la diferencia de significado mediante ejemplos.

cálculo-cal**cu**lo-calcu**ló**   *El cálculo me gusta mucho.*
                                        Calculo que habría allí cien personas.
                                        Calculó mal el problema.

práctico-prac**ti**co-practi**có**   ....
                                            ....
                                            ....

hablo-ha**bló**   ....
                        ....

callo-ca**lló**   ....
                        ....

Sílabas tónicas y sílabas átonas

74 Recuerda que, al hablar o leer, pronunciamos las palabras y las sílabas unidas, como encadenadas.

● Fíjate cómo se lee el siguiente refrán:

aguaque**nohas**debe**ber**, **dé**jalaco**rrer**.

Las sílabas en negrita llevan acento y son sílabas tónicas; las que no llevan acento son átonas. Si separamos ahora las palabras en la escritura:

Agua que **no has** de be**ber**, **dé**jala co**rrer**,

observamos que hay también palabras tónicas, que tienen acento (*Agua*, *no has*, *beber*, *déjala correr*), y átonas, que no tienen acento (*que*, *de*).

● Subraya la sílaba tónica y escribe las palabras átonas.

- Hombre prevenido vale por dos. ....
- Con pan y vino se anda bien el camino. ....
- A Dios rogando y con el mazo dando. ....

75 **Clases de palabras por el lugar del acento**. El acento, en castellano, puede ir en cualquier lugar de la palabra, y así se clasifican las palabras en:

● **Agudas** las que llevan el acento en la última sílaba: *Ramón, Inés.*

● **Llanas** si llevan el acento en la penúltima sílaba: *Carmen, Félix.*

● **Esdrújulas** cuando el acento recae en la antepenúltima: *Hipólito, Mónica.*

● Algunas palabras pueden llevar el acento en la anterior a la antepenúltima, y se llaman **sobresdrújulas**: *alcánzamelo, permíteselo.*

Escribe tres nombres propios o apellidos en el cuadro siguiente:

Agudas	Llanas	Esdrújulas

76 AVERIGUA LO QUE SABES. Lee con atención las siguientes frases célebres y subraya la sílaba tónica. A continuación señala con un círculo las palabras átonas.

- «Todo lo que un hombre puede imaginar otro lo podrá construir», dijo el escritor francés Julio Verne.
- «Enemigo que huye puente de plata», es una frase célebre atribuida al emperador Napoleón Bonaparte.
- «Lo bueno si breve, dos veces bueno», dijo Baltasar Gracián.

Acentuación de palabras agudas

77 Lee de manera entonada la siguiente fábula y subraya las palabras agudas. No tengas en cuenta los monosílabos.

¡Qué dolor! Por un descuido
Micifuz y Zapirón
se comieron un capón
en un asador metido.
Después de haberse lamido,

trataron en conferencia
si obrarían con prudencia
en comerse el asador.
¿No lo comieron? ¡No, señor!
Era caso de conciencia.

FÉLIX M.ª SAMANIEGO.

78 Lee con atención y subraya la sílaba tónica.

Miguel	Joaquín	Andrés	Jesús	Isabel
cortés	conductor	feliz	catalán	andaluz
estudió	dibujar	viviréis	cantarán	decidir

79 Clasifica las palabras en el cuadro siguiente.

Agudas sin tilde	Agudas con tilde

 aprende: **Llevan tilde las palabras agudas que acaban en vocal o en consonante _n_ o _s_.**

80 Lee silabeando, subraya la sílaba tónica y escribe la tilde cuando corresponda.

ciem-piés	leon	reptil	raton	perdiz	mandril
jugue	vereis	redactar	vivir	comer	diran
verdad	nariz	parchis	ajedrez	redaccion	pintor
despues	aqui	alla	codorniz	ayer	dieciseis

81 Escribe el singular de las siguientes palabras y pon la tilde cuando corresponda.

corazones → *corazón* autobuses ....

sofás .... amistades ....

ademanes	....	toneles	....
estaciones	....	aviones	....
sartenes	....	cipreses	....
naciones	....	portugueses	....

82 Completa con gentilicios, nombres que designan a ciudadanos de una localidad, región, país o nación o con el lugar de donde proceden.

Córdoba	*cordobés*	Francia	....	Cataluña	....
Japón	....	Andalucía	....	Marruecos	....
Perú	peruano	....	leonés	....	alemán
....	brasileño	....	aragonés	....	inglés

83 Completa la conjugación y escribe la tilde cuando corresponda.

		Pretérito perfecto simple	**Futuro**
Jugar	yo	*jugue*	*jugare*
	tú	....	....
	él/ella	....	....
	nos.	*jugamos*	....
	vos.	....	*jugareis*
	ellos	....	....
Beber	yo	*bebi*	....
	tú	....	....
	él/ella	....	*bebera*
Vivir	yo	....	....
	tú	*viviste*	....
	él/ella	....	....

84 AVERIGUA LO QUE SABES. Subraya las palabras agudas y escribe la tilde cuando corresponda.

- Miguel Cortes es leones y mi mejor amigo del colegio.
- A Jesus, el hermano mayor de Ines, le ha salido un grano en la nariz.
- Ayer, despues de hacer los deberes, jugue un buen rato al parchis con Andres.
- En esta habitacion hay un raton, pero no soy capaz de cogerlo.
- En la estacion de autobuses de Teruel perdi la cartera con el carne de conducir.
- Diran lo que quieran, pero no fue Jose quien lanzo el balon y rompio el cristal de la tienda de juguetes.

Acentuación de palabras llanas

85 Lee de manera entonada y subraya las palabras llanas.

> Un duro me dio mi madre,
> antes de venir al pueblo,
> para comprar aceitunas
> allá en el olivar viejo.
>
> Y yo me he tirado el duro
> en cosas que lleva el viento:
> un peine, una redecilla
> y un moño de terciopelo.
>
> RAFAEL ALBERTI.

86 Lee con atención y subraya la sílaba tónica.

Jorge	Fernández	Berta	Martínez	Félix
dulce	salado	amargo	sabroso	helado
álbum	césped	cáliz	apóstol	alcázar

87 Clasifica las palabras en el cuadro siguiente.

Llanas sin tilde	Llanas con tilde

aprende: **Llevan tilde las palabras llanas que acaban en consonante que no sea *n* o *s*.**

88 Lee silabeando, subraya la sílaba tónica y escribe la tilde cuando corresponda.

Sán-chez	Lopez	Luisa	Gonzalez	Victor	Rubiales
playa	sombrilla	arena	tumbona	canoa	vigilante
azucar	cancer	dolar	facil	almibar	abdomen
lider	jueves	catorce	antes	dieciocho	futbol

89 Escribe en singular las siguientes palabras.

difíciles: *difícil*　　　　　　　jóvenes: ....

gérmenes: ....　　ángeles: ....

fértiles: ....   frágiles: ....

mármoles: ....   útiles: ....

exámenes: ....   móviles: ....

volúmenes: ....   orígenes: ....

90 Fíjate y haz tú lo mismo.

balcón: *balcones*   anís: ....

revés: ....   melón: ....

ciprés: ....   corazón: ....

parchís: ....   melocotón: ....

alemán: ....   inglés: ....

91 Señala cuál es la sílaba tónica en los verbos siguientes. Y escribe frases para distinguir el significado.

canto-cantó: *Luis cantó el jueves, pero yo canto hoy.*

hablo-habló: ....

averiguo-averiguó: ....

salto-saltó: ....

miro-miró: ....

92 AVERIGUA LO QUE SABES. Lee con atención, subraya la sílaba tónica y escribe la tilde cuando corresponda. No tengas en cuenta las palabras monosílabas.

- Algunas veces se ha dicho que el azucar provoca cancer, pero no es cierto; parece ser que fue una informacion falsa que procede de los fabricantes de productos artificiales que sustituyen al azucar.
- Es dificil que pueda acabar este trabajo antes del viernes.
- En este cementerio no hay cipreses; hay naranjos y olivos.
- Hector vendra esta tarde a jugar al parchis; en el caso de que no viniera, llamaremos a Victor y nos vamos a jugar un partido de futbol al colegio.
- He hecho una macedonia de frutas estupenda. Le he echado melon, sandia, pomelo, naranja, ciruela, piña y melocoton en almibar.
- Nos han puesto en el examen de matematicas un problema de hallar el volumen de un cubo.
- Se suele decir que el pueblo aleman es muy disciplinado, que los franceses son presuntuosos y los ingleses, aristocratas. Pero toda generalizacion falsea la realidad: sirva como ejemplo el comportamiento que tiene el ingles cuando asiste a un partido de futbol.
- Juan hablo durante diez minutos sobre las vitaminas; yo hablo hoy del medio ambiente. Mi exposicion no durara más de cinco minutos.

Acentuación de palabras esdrújulas

93 Lee con atención marcando los acentos.

> No hubo príncipe en Sevilla
> que comparársele pueda
> ni espada como su espada
> ni corazón tan de veras [...]
> ¡Qué gran torero en la plaza!
> ¡Qué gran serrano en la sierra!
>
> ¡Qué blando con las espigas!
> ¡Qué duro con las espuelas!
> ¡Qué tierno con el rocío!
> ¡Qué deslumbrante en la feria!
> ¡Qué tremendo con las últimas
> banderillas de tinieblas!
>
> FEDERICO GARCÍA LORCA: *Llanto por Ignacio Sánchez-Mejías.*

● Escribe las palabras esdrújulas: ....

94 Lee silabeando, subraya la sílaba tónica y observa el empleo de la tilde.

gra-<u>má</u>-ti-ca	aéreo	vértebra	léelo	llévatelo
brújula	Cantábrico	clavícula	murciélago	océano
entrégaselo	víbora	comunícaselo	histórico	ovíparo

aprende: **Todas las palabras esdrújulas y sobresdrújulas llevan tilde.**

95 En el ejercicio anterior todas las palabras son esdrújulas, excepto tres de ellas. Escríbelas.

....

96 Completa el siguiente crucigrama con adjetivos derivados.

diez → *décimo*
fantasía
lengua
manía
océano
Cantabria
parálisis
luna

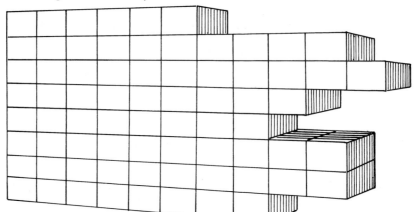

97 Escribe otros cinco adjetivos que sean palabras esdrújulas.

lívido ....

....

98 Escribe en plural las siguientes palabras y pon la tilde cuando corresponda.

cárcel: *cárceles*   crimen: ....   examen: ....

resumen: ....   virgen: ....   cráneo: ....

simpático: ....   volumen: ....   germen: ....

vivíparo: ....   joven: ....   margen: ....

99 Transforma los adjetivos en grado superlativo y escribe frases.

humilde: *humildísimo*   *Este niño es de origen humildísimo, sus padres son muy pobres.*

simpático: ....

alto: ....

educado: ....

feliz: ....

100 Algunos pronombres personales se unen a verbos, formando palabras esdrújulas y sobresdrújulas. Forma palabras esdrújulas y sobresdrújulas con los pronombres del recuadro.

di → *dímelo, díselo*   trabajando: ....

da: ....   beber: ....

pon: ....   comer: ....

estudia: ....   contando: ....

mira: ....   observa: ....

> me, te, se, nos, os, le, la, lo, les, los, las

Ahora comprueba si has acentuado correctamente las palabras que has formado. Si no has acentuado alguna, explica por qué.

....

101 AVERIGUA LO QUE SABES. Subraya la sílaba tónica y escribe la tilde cuando corresponda.

- El burgales es de Burgos; el abulense, de Avila; los cordobeses, de Cordoba; y los cacereños, de Caceres.
- El oceano Atlantico esta situado entre los continentes de Europa, Africa y America.
- Quedate con estos resumenes; yo ya no los necesitare jamas.
- Sirveme a mí la sopa; a Jose ponle un filete con patatas fritas.
- Ines e Isabel participaran en un espectaculo de television de gran exito.

Tapa los textos originales con una cuartilla y realiza estos ejercicios.

Lee de manera entonada, enfatizando los acentos y las pausas. A continuación tienes que hacer dos cosas: subrayar la sílaba tónica y escribir la tilde cuando corresponda.

No tengas en cuenta los monosílabos, que siguen reglas especiales que estudiarás después.

El baño del Sol

El Sol quería bañarse
porque tenía calor.
Llevaba el calor por dentro,
la Luna se lo advirtio;
pero el Sol no le hizo caso,
ni siquiera la escucho,
porque el calor que tenía
le quitaba la razon,
y hacia el caer de la tarde
se tiro al mar y se ahogo.
Al ver que se ahogaba el pobre,
el cielo se obscurecio,
las estrellitas lloraban
lagrimas de compasion;
negro todo el mar se puso
de tristeza que le dio.

Sólo la Luna en el cielo
muy serena se quedo.
«No os asusteis —les decía—,
que no hemos perdido al Sol.
Mañana de mañanita
saldra por otro rincon,
más fresco que una lechuga
con el baño que se dio».
A la mañana siguiente
sonriente salio el Sol;
el cielo se puso alegre,
el mar, de gozo, bailo,
las estrellas se reían
del susto que el Sol les dio;
y la Luna, satisfecha,
en su cuarto se durmio.

Comprueba tus aciertos y escribe correctamente las palabras equivocadas.

....

....

El baño del Sol

El Sol quería bañarse
porque tenía calor.
Llevaba el calor por dentro,
la Luna se lo advirtió;
pero el Sol no le hizo caso,
ni siquiera la escuchó,
porque el calor que tenía
le quitaba la razón,
y hacia el caer de la tarde
se tiró al mar y se ahogó.
Al ver que se ahogaba el pobre,
el cielo se obscureció,
las estrellitas lloraban
lágrimas de compasión;
negro todo el mar se puso
de tristeza que le dio.

Sólo la Luna en el cielo
muy serena se quedó.
«No os asustéis —les decía—,
que no hemos perdido al Sol.
Mañana de mañanita
saldrá por otro rincón,
más fresco que una lechuga
con el baño que se dio».
A la mañana siguiente
sonriente salió el Sol;
el cielo se puso alegre,
el mar, de gozo, bailó,
las estrellas se reían
del susto que el Sol les dio;
y la Luna, satisfecha,
en su cuarto se durmió.

SALVADOR DE MADARIAGA: *Obra poética.* Ed. Plaza & Janés.

Lee enfatizando los acentos y escribe la tilde cuando corresponda.

Los descendientes del sol

Las leyendas son relatos que se transmiten de padres a hijos y perduran a traves de los siglos. Esta leyenda narra cómo los incas, el pueblo que habitaba el antiguo Peru, eran descendientes del sol.

Hubo un tiempo, hace muchos años, en el que las gentes no poseían ni casas ni ciudades. Tampoco conocían el arado, ni la rueca, ni lo concerniente a los dioses; vivían sin ambicion y sin más fin en la vida que el comer y mantenerse protegidos del frío. Habitaban cuevas y se cubrían con pieles; en suma, vivían en condiciones precarias.

Cuando el sol miro a la tierra y vio a los humanos, se compadecio de ellos, pues sabía que aquellos seres eran capaces de hacer cosas mejores, y decidio enviar a su hijo y a su hija para que los instruyeran en las artes de la civilizacion. Antes de que partieran, les hizo entrega de una vara de oro de medio metro de largo y dos dedos de ancho.

—Cuantas veces hagais un alto en vuestro camino, para comer o para dormir, debereis clavar esta vara en la tierra. La tierra, en muchas partes, es dura y la vara no penetrara. Pero algun día arribareis a un lugar en donde la vara se hundira como si lo hiciera en el agua. Alli debereis levantar la ciudad de Cuzco. Se llamara ciudad sagrada del Sol, pues alli se construira un templo dedicado a mí, para que todos puedan conocerme.

El sol explico luego a sus hijos que deberían cuidar de aquellas gentes como él cuidaba de la tierra, como un padre ha de cuidar a sus retoños. Luego los dejo en la Isla del Sol, en el gran lago Titicaca, y alli dieron comienzo a la tarea encomendada.

Comprueba tus aciertos y escribe correctamente las palabras equivocadas.

II

Los descendientes del sol

Las leyendas son relatos que se transmiten de padres a hijos y perduran a través de los siglos. Esta leyenda narra cómo los incas, el pueblo que habitaba el antiguo Perú, eran descendientes del sol.

Hubo un tiempo, hace muchos años, en el que las gentes no poseían ni casas ni ciudades. Tampoco conocían el arado, ni la rueca, ni lo concerniente a los dioses; vivían sin ambición y sin más fin en la vida que el comer y mantenerse protegidos del frío. Habitaban cuevas y se cubrían con pieles; en suma, vivían en condiciones precarias.

Cuando el sol miró a la tierra y vio a los humanos, se compadeció de ellos, pues sabía que aquellos seres eran capaces de hacer cosas mejores, y decidió enviar a su hijo y a su hija para que los instruyeran en las artes de la civilización. Antes de que partieran, les hizo entrega de una vara de oro de medio metro de largo y dos dedos de ancho.

—Cuantas veces hagáis un alto en vuestro camino, para comer o para dormir, deberéis clavar esta vara en la tierra. La tierra, en muchas partes, es dura y la vara no penetrará. Pero algún día arribaréis a un lugar en donde la vara se hundirá como si lo hiciera en el agua. Allí deberéis levantar la ciudad de Cuzco. Se llamará ciudad sagrada del Sol, pues allí se construirá un templo dedicado a mí, para que todos puedan conocerme.

El sol explicó luego a sus hijos que deberían cuidar de aquellas gentes como él cuidaba de la tierra, como un padre ha de cuidar a sus retoños. Luego los dejó en la Isla del Sol, en el gran lago Titicaca, y allí dieron comienzo a la tarea encomendada.

DOUGLAS GIFFORD: *Guerreros, dioses y espíritus de la Mitología de América Central y Sudamérica*. Ed. Generales Anaya.

Acentuación de diptongos, triptongos e hiatos

102 Recuerda que:

- el **diptongo** es la unión de dos vocales en una sílaba: **au**nque, m**ie**l, desp**ué**s.
- el **triptongo** es la unión de tres vocales en una sílaba: g**uau**, Parag**uay**, acari**ciái**s.
- el **hiato** consiste en dos vocales unidas en la palabra, pero que pertenecen a distinta sílaba: sand**í-a**, **a**-h**o**rros, r**e**-**a**l.

● Lee silabeando y subraya los diptongos con una raya y los hiatos con dos.

az<u>a</u>har	<u>Soria</u>	diente	Ismael	Ceuta
oasis	baobab	baile	buhonero	ruidoso
jaula	roedor	zoo	boina	bou
real	peine	reelegido	peón	rompió
ciudad	agua	nuera		

103 Completa el cuadro con las palabras anteriores. Al mismo tiempo separa las sílabas.

Vocales	a	e	o	i	u
a	*a-za-har*				
e					
o					
i					
u			*buho-ne-ro*		

104 **La tilde en los diptongos.** Se consideran diptongos a efectos de la acentuación, salvo excepciones que veremos después, las siguientes combinaciones de vocales en una palabra:

ai ei oi   ia ie io
au ue uo   ua ue ou   Cuando son átonos o el acento recae sobre la vocal abierta.

ui iu   Cuando son tónicos o átonos.

● Lee silabeando las siguientes palabras, que llevan diptongo, y observa cuándo se escriben con tilde:

Agudas		Llanas		Esdrújulas
guardián	igual	béisbol	acuerdo	murciélago
ciempiés	infiel	Gutiérrez	liebre	acuático
confió	confiad	estiércol	subieron	huéspedes

aprende: Los diptongos llevan tilde cuando les corresponde según la regla general de las agudas, llanas y esdrújulas.

105 Separa las sílabas, subraya la tónica y escribe la tilde cuando corresponda.

Sebastian	Mariana	Cantabria	Adrian	Rioja
Se-bas-tián	....	....	....	....
jovial	diocesis	cienaga	Diego	sueter
....	....	....	....	....

106 Observa cómo se acentúan las formas verbales con diptongo y haz tú lo mismo.

Comer	*coméis*	*comeréis*	*comisteis*	*comieron*
Correr	....	....	....	....
Saltar	....	....	....	....
Corregir	....	....	....	....

107 **La tilde en los triptongos.** Subraya la sílaba tónica y observa el uso de la tilde en los triptongos siguientes.

aliviáis   evaluáis   guau   miau

aprende: Los triptongos, al igual que los diptongos, llevan tilde cuando les corresponde según la regla general.

108 Los triptongos en castellano aparecen normalmente al final de palabra y en la conjugación de los verbos acabados en **-iar**, y **-uar**. Fíjate y haz tú lo mismo.

Agobiar	*agobiáis*	**a-go-biáis**	*agobiéis*	**a-go-biéis**
Auxiliar	....	....	....	....
Menguar	....	....	....	....
Evaluar	....	....	....	....

109 AVERIGUA LO QUE SABES. Lee enfatizando los acentos y escribe la tilde cuando corresponda.

- Juanito y Victoria compraron un peine de plata para regalarselo a su abuela Aurora.
- Confie usted, señora, en los huespedes extranjeros; son educados y amables.
- Si quereis cultivar en esta huerta productos ecologicos, debeis abonarla con estiercol.
- Mi amigo Dieguez juega al beisbol en el equipo del colegio.
- No corrais, que Rosaura es pequeña y se caera.
- Se hundio el barco, y la gente del pueblo auxilio a los naufragos y se evito una tragedia humana; pero perdieron todas sus pertenencias en el naufragio.
- No os agobieis con la evaluacion de lenguaje; teneis otra oportunidad en la prueba de recuperacion.

110 **La tilde en los hiatos.** Lee de manera entonada, enfatizando los acentos.

> ## Cantares
>
> Vino, sentimiento, guitarra y poesía
> hacen los cantares de la patria mía.
> Cantares...
> Quien dice cantares dice Andalucía.
>
> A la sombra fresca de la vieja parra,
> un mozo moreno rasguea la guitarra...
> Cantares...
> Algo que acaricia y algo que desgarra.
>
> MANUEL MACHADO.

● Escribe las palabras que llevan hiatos: ....

● Observa el empleo de la tilde ¿siguen las reglas estudiadas? ....

¿Por qué? ....

111 Ya hemos visto que dos vocales abiertas van siempre en hiato, a efectos de la tilde: **aa, ae, ao, ea, ee, eo, oa, oo, oe**.

Pero también hay un hiato en la concurrencia de una vocal abierta y una cerrada cuando ésta lleva el acento: **aí, ía, aú, úa, eí, íe, eú, úe, oú, úo, oí, ío**.

● Lee silabeando las siguientes palabras y separa las sílabas.

raíz	púa	ríe	María	laúd	búho
....	....	....	....	....	....

112 Observa, en las siguientes palabras, el uso de la tilde en los hiatos.

Agudas		Llanas		Esdrújulas	
cereal	*maíz*	león	*impío*	aéreo	*vehículo*
acordeón	*baúl*	marea	*día*	océano	*prohíbele*
Jaén	*Raúl*	oasis	*paraíso*		

aprende:
- **Cuando el hiato se produce en la concurrencia de dos vocales abiertas (*a, e, o*), se sigue la regla general de las agudas, llanas y esdrújulas.**
- **Pero si la vocal en hiato es *i* o *u* acentuadas, lleva siempre tilde.**

113 Separa las sílabas, subraya la tónica y escribe la tilde cuando corresponda.

reir	paises	torreon	geografia	cacatua
re-ír	....	....	....	....
Maria	raiz	coagulo	laud	aupa
....	....	....	....	....

114 Muchos de los errores que se comenten en el uso de la tilde tienen lugar en las formas verbales. Completa el cuadro siguiente escribiendo la tilde cuando corresponda.

	HABLAR	DEBER	ABRIR
Pret. imperfecto de indicativo	hablaba	....	....
	....	....	....
	....	....	....
	....	debíamos	....
	....	....	abríais
	....	....	....
Condicional	....	....	....
	....	....	abrirías
	....	....	....
	....	deberíamos	....
	hablarían	....	....

115 Escribe frases con los siguientes pares de palabras.

gradúo-graduó: *Luis graduó mal la calefacción, y pasamos frío. Yo la gradúo siempre a veinticinco grados.*

averiguo-averiguó: ....

puntúo-puntuó: ....

sitúo-situó: ....

atestiguo-atestiguó: ....

116 Lee enfatizando los acentos y escribe la tilde cuando corresponda.

- Luisa sabia que tenia un cancer desde hacia dias, pero no se lo habia dicho a nadie.
- Muchos paises presentan una geografia muy complicada para realizar un trazado del ferrocarril de alta velocidad.
- Maria y Leon se han comprado un atico que tiene un torreon con palomas.
- Deberian retirar de las vias publicas los vehiculos averiados; no sólo quitan aparcamientos, sino que afean las ciudades ya que suelen estar sucios y deteriorados.
- Los cereales que se siembran en esta zona son el maíz, el trigo y la cebada.
- Raul toca el laud y Luisa, el acordeon en la orquesta municipal.
- No veais tanto la televisión; deberiais leer tambien algun rato.

Acentuación de palabras compuestas

117 Las palabras compuestas son aquellas formadas por dos o más simples. Lee con atención y observa.

Era un coche tan viejo que con el vaivén de la carretera se le cayó el parachoques.

va + y + ven → *vaivén*   para + choques → *parachoques*

Señala tú los componentes de las siguientes palabras:

tiovivo: ....   correveidile: ....

118 Hay compuestos perfectos que se escriben como una sola palabra; en ellos el primer componente pierde el acento. Lee silabeando las siguientes palabras, señala la sílaba tónica y observa cuándo llevan tilde.

Agudas	Llanas	Esdrújulas
parasol	abrelatas	espantapájaros
parabién	abrefácil	cuentaquilómetros

aprende: **Los compuestos perfectos siguen la regla general de acentuación como si se tratara de una palabra simple.**

119 Lee silabeando, subraya la sílaba tónica y escribe la tilde cuando corresponda.

tirachinas	paraguas	decimoctavo	sacacorchos	ciempies
portalamparas	quebrantahuesos	veintidos	veinticinco	puntapie

120 Hay también compuestos imperfectos en los que cada uno de los componentes conserva su acento. En la escritura van separados mediante un guión.

● Lee y observa las palabras con tilde.

hispano-alemán	vasco-navarro	científico-técnico
anglo-francés	reloj-despertador	teórico-práctico

aprende: **En los compuestos imperfectos cada componente conserva su *acento* y se aplica la regla general en cada uno de ellos.**

121 Subraya las sílabas tónicas y escribe la tilde donde corresponda.

hispano-árabe	fisico-quimico	historico-geografico	hispano-frances
reloj-calendario	artistico-musical	italo-germanico	chino-ruso

122 Muchos adverbios se forman añadiendo a los adjetivos el sufijo *-mente*. Observa y haz lo mismo.

estupenda		*estupendamente*	fácil		*fácilmente*
buena	**mente**	....	débil	**mente**	....
feliz		....	cortés		....
maravillosa		....	inútil		....

Has tenido que escribir con tilde todos los adverbios que has formado en la columna de la derecha. Repásala y aprende.

aprende: **Los adverbios terminados en *-mente* llevan tilde cuando debiera llevarla el adjetivo siguiendo la regla general de las palabras agudas, llanas y esdrújulas.**

123 Lee detenidamente las siguientes palabras y escribe la tilde cuando corresponda.

<u>tí</u>midamente   difícilmente   descortesmente   angustiosamente
alegremente   tristemente   limpiamente   rapidamente

124 Hay también palabras compuestas formadas por un verbo al que se le añade un pronombre átono *(me, te, se, nos, os, le, la, lo, los, las, les)*.

● Observa cómo se comportan en relación con el acento.

dile   propónle   díselo   acercándose
dame   convencióse   dámelo   santiguarse

aprende: **Si el verbo lleva tilde, sigue llevando *tilde (propón → propónle)*, y si no, se escribe con tilde cuando se transforma en palabra esdrújula o sobresdrújula: *dile → díselo; cuenta → cuéntame, cuéntamelo.***

125 Forma compuestos y escribe la tilde cuando corresponda.

se dirija → *diríjase*   me haga: ....   se lo haga: ....
me convenza: ....   nos traiga: ....   les tiraba: ....

126 AVERIGUA LO QUE SABES. Escribe la *tilde* en las palabras que corresponda.

tranquilamente	criticamente	dichosamente	dificilmente	ciertamente
felizmente	sigame	cayose	vamonos	entregaselo
entregale	milagrosamente	hazmelo	comiole	comioselo
finalmente	facilmente	inutilmente	daselo	fantasticamente

Acentuación de palabras monosílabas

127 Las palabras monosílabas, en general, se escriben sin tilde:

sol   dio   vio   vi   fue   fui   son   van

Pero hay palabras que tienen los mismos sonidos y significados diferentes:

EL **TÉ** QUE **TE** SIRVO ES INGLÉS.
MI HERMANO LO TRAJO DE LONDRES PARA **MÍ**.

Observa que en la lengua hablada una es tónica (*té, mí*) y otra átona (*te, mi*), y en la escritura la palabra tónica se escribe con tilde.

128 Lee con atención distinguiendo las palabras tónicas y átonas.

Son palabras tónicas y se escriben con tilde	Son palabras átonas y se escriben sin tilde
él pronombre *Comí con **él**.*	**el** artículo *Cierra **el** armario.*
tú pronombre *Díselo **tú**.*	**tu** determinante posesivo *Préstame **tu** regla.*
mí pronombre *Me lo dio a **mí**.*	**mi** determinante posesivo *Alcánzame **mi** cartera.*
sí afirmación y pronombre ***Sí**, lo guardó para **sí**.*	**si** condición ***Si** vienes, te esperamos.*
dé del verbo **dar** *Coge lo que te **dé**.*	**de** preposición *Este reloj es **de** Luis.*
sé del verbo **saber** y **ser** ***Sé** lo que piensas, pero **sé** bueno y cállate.*	**se** pronombre *Juan ya **se** afeita.*
té nombre de bebida *¿Quieres **té** o café?*	**te** pronombre ***Te** lo has ganado.*
más significa *cantidad* *¿Quieres **más** agua?*	**mas** equivale a *pero* *Antes paseaba, **mas** ya no puede.*
aún equivale a *todavía* ***Aún** no ha llegado.*	**aun** equivale a *incluso* *Ni **aun** así vendrás conmigo.*

aprende: **Se escriben con tilde los monosílabos *él, tú, mí, sí, dé, sé, té, más, aún* cuando son palabras tónicas.**

129 Lee con atención las palabras en negrita y escribe la tilde cuando corresponda.

- ¿Quieres **mas** sopa?
- Sírveme **mas te.**
- **Aun** cuando llegues tarde, comerás tarta.
- Ya **se** lo que quieres.
- Ésta es la chaqueta **de** Víctor.
- **Si** no puedes venir, llámame.
- **Tu** coge **tu** cartera.
- Me lo dio para **mi** solo.

- Antes dormía bien, **mas** ahora me desvelo.
- Cuando **te** lo merezcas, **te** lo daré.
- ¿**Aun** no estás contento?
- **Él se** ducha todos los días.
- Espera que **te de** tu parte.
- **Si**, lo quiere todo para **si**.
- **Mi** cartera me la regaló **mi** abuelo.

130 Completa las siguientes frases con las palabras del recuadro.

tú-tu
té-te
sí-si
sé-se
dé-de
él-el
más-mas
aún-aun

¿.......... viniste con .... hermano o solo?

.... tomas el .... tan tranquilo, y después nos vamos.

.... lo quisiera todo para .... , dáselo; no discutas.

.... que estás disgustado, pero .... te pasará.

Quiero que me .... esa caja .... rotuladores.

En .... trabajo hablan muy bien de ....

Te gusta .... el café, ... no tengo.

.... cuando se ponga pesado, no le hagas caso; no se lo digas .... , espera unos días.

131 Escribe frases con las siguientes series de palabras.

yo-tú-él: ....

tú-tu: ....

él-el: ....

mí-mi: ....

132 AVERIGUA LO QUE SABES. Repasa todas las reglas de acentuación estudiadas y escribe la tilde cuando corresponda.

- Si quieres hacerte amigo de el, dile que si en ese asunto.
- Le pedi mas dinero a mi hermano, mas el se nego a darmelo.
- Esta tarde te invitare a un te en mi casa.
- No me gusta el te, preferiria un cafe.
- Dime qué coche te gusta mas, y te lo comprare.
- Desde hace mas de un año, no saben nada de mi en mi casa.
- No se aun a qué hora llegara; aun no ha llamado por telefono.
- El lo sabe, estoy seguro, mas no quiere decirlo.
- Ya se, desde hace tiempo, que el y Monica salen juntos.

Acentuación de palabras interrogativas y exclamativas

133 Lee con atención.

—He reñido a un hostelero.
—¿POR QUÉ? ¿CUÁNDO?
¿DÓNDE? ¿CÓMO?
—*Porque cuando donde* como,
como mal, me desespero.

TOMÁS DE IRIARTE.

Explica qué diferencia de pronunciación encuentras entre las palabras en mayúsculas y sus correspondientes en minúscula que van en negrita.

....

134 Lee con atención y observa la diferente manera de pronunciarse las palabras en negrita, según lleven o no tilde.

—¿**Qué** traes en esa bolsa?　　　　　　　　—Lo **que** compramos ayer.

—¡**Qué** arreglado vienes!

—¿**Quién** te ha llamado?　　　　　　　　　—**Quien** menos te imaginas.

—¡**Quién** se iba a imaginar que sería Elena!

—¿**Cuál** eliges?　　　　　　　　　　　　—Aquí cada **cual** tiene su raqueta.

—¿**Cómo** te va?　　　　　　　　　　　　—**Como** siempre, estupendamente.

—¡**Cómo** estás de barro!

—¿**Dónde** has dejado la moto?　　　　　　—**Donde** siempre, en el garaje.

—¿**Cuándo** vamos al cine?　　　　　　　　—**Cuando** tú quieras.

—¿**Cuánto** dinero necesitas?　　　　　　　—**Cuanto** puedas prestarme.

—¡**Cuánta** gente hay hoy aquí!

aprende: Llevan tilde las palabras *qué, quién-quiénes, cuál-cuáles, cómo, dónde, cuándo* y *cuánto* (-a, -os, -as) cuando son interrogativas o exclamativas y, por tanto, tónicas. En otros casos son átonas y no llevan tilde.

135 Estas partículas pueden ser tónicas o átonas con independencia de que vayan o no entre signos de interrogación o exclamación. Observa:

Pregunta que **cuándo** (tónica) vas a venir.　　¿Se lo pediste con educación, **como** (átona) te dije?

● Lee con atención y escribe la tilde en las palabras en negrita cuando corresponda.

• Aunque le insistimos, no dijo **como** iba a venir, ni **cuando**.

- Pregúntale **como** ha hecho el examen de inglés.
- ¿**Cuando** íbamos al colegio, tu hermano estudiaba con nosotros?
- ¿De **donde** vendrá tanta gente?
- ¿**Que** no sabes nada? Pregúntalo.
- ¿A **quien** buscas? ¿A **quien** te pueda hacer lo que te han encargado a ti?
- ¡**Cuanta** gente hay hoy en la plaza! A **cuantos** veas con traje y corbata vienen a la boda.
- ¿**Que como** me he enterado de la discusión entre Ana y Luis? ¡**Como** no me iba a enterar si estaba yo allí!

Acentuación de las mayúsculas

136 Observa el uso de la tilde en las letras mayúsculas.

En Ávila se conservan muy bien las murallas.
TREN CON DESTINO A MÁLAGA.
A CÓRDOBA 13 KILÓMETROS.

aprende: **Ha de colocarse tilde sobre la letra mayúscula cuando deba llevarla según las reglas estudiadas.**

137 Escribe la tilde cuando corresponda.

- Ana es de Albacete y Jaime de Caceres.
- A GIJON 40 KILOMETROS.
- TREN EXPRESO CON DESTINO A CACERES TENDRA SU SALIDA A LAS DIECISEIS HORAS VEINTE MINUTOS.
- El oceano Indico es mas pequeño que el Pacifico.
- El lo sabe muy bien porque estuvo presente.
- DIRECCION NORTE. A JAEN POR BAILEN.

138 AVERIGUA LO QUE SABES. Lee con atención y escribe la tilde cuando convenga.

- ¿Que donde encontre el anillo? Donde menos lo esperaba, en el bolso de la chaqueta.
- Dime con quien andas y te dire quien eres.
- No se cuanto le preste; pero le di cuanto necesito en ese momento.
- Cuando lo viste en el cine, ¿con quien estaba?
- ¿Como te va en el nuevo trabajo? ¡Como me va a ir... de maravilla!
- ¿Cual te gusta mas el jersey rojo o el amarillo? Escoge tu el que quieras, a mi me gustan mucho los dos.
- Pregunta Alvaro que que quieres. Que me diga donde ha dejado el destornillador.
- Aqui en esta casa cada cual recoge y ordena su habitacion.
- Preguntale a ese señor por donde se puede subir a esa montaña.
- Mi compañera de colegio, Angeles, ha estado de vacaciones en Africa. Pero no se exactamente donde.

Tapa con una cuartilla los textos originales y realiza estos ejercicios.

Lee con atención y escribe la tilde en las palabras que convenga.

El galleguito

Habia en Cadiz un galleguito muy pobre, que queria ir al Puerto para ver a un hermano suyo que era alli mandadero, pero queria ir de balde.

Pusose en la puerta del muelle a ver si algun patron que fuese al Puerto lo queria llevar. Paso un patron, que le dijo:

—Galleguito, ¿te vienes al Puerto?

—Yo no tengo dineriño; si me llevara de balde, patron, iria.

—Yo no —contesto este—, pero estate ahi, que detras de mi viene el patron Lechuga, que lleva a la gente de balde.

A poco paso el patron Lechuga, y el galleguito le dijo que si le queria llevar al Puerto de balde, y el patron le dijo que no.

—Patron Lechuga —dijo el galleguito—, ¿y si le canto a usted una copliña que le guste, me llevara?

—Si; pero si no me gusta ninguna de las que cantes, me tienes que pagar el pasaje.

A lo que convino el galleguito, y se hicieron a la vela.

Cuando llegaron a la barra, esto es, a la entrada del rio empezo el patron a cobrar el pasaje a los que venian en el barco; y cuando llego al galleguito, le dijo este:

—Patron Lechuga, alla va una copliña.

Y comenzo a cantar: *Si fueras a la miña tierra/ y preguntaran por mi,/ le dices que estoy en Cadiz/ vendiendo agua y anis.*

—¿Ha gustado, patron? —pregunto enseguida.

—No —respondio el patron.

—Pues, patron, alla va otra: *Patron Lechuga, por Dios, /gustele alguna copliña,/ porque a los cuartos mios/ hanle entrado la morriña.*

—¿Ha gustado, patron?

—No.

—Pues alla va otra: *Galleguillo, galleguillo,/ no seas mas retraecteiro,/ mete la mano en la bolsa/ y paga al patron su dinero.*

—¿Ha gustado, patron?

—Esa, si.

—Pues no pago —dijo, alegre, el galleguito.

Y se fue sin pagar.

Comprueba tus aciertos y escribe correctamente las palabras equivocadas.

El galleguito

Había en Cádiz un galleguito muy pobre, que quería ir al Puerto para ver a un hermano suyo que era allí mandadero, pero quería ir de balde.

Púsose en la puerta del muelle a ver si algún patrón que fuese al Puerto lo quería llevar. Pasó un patrón, que le dijo:

—Galleguito, ¿te vienes al Puerto?

—Yo no tengo dineriño; si me llevara de balde, patrón, iría.

—Yo no —contestó éste—, pero estáte ahí, que detrás de mí viene el patrón Lechuga, que lleva a la gente de balde.

A poco pasó el patrón Lechuga, y el galleguito le dijo que si le quería llevar al Puerto de balde, y el patrón le dijo que no.

—Patrón Lechuga —dijo el galleguito—, ¿y si le canto a usted una copliña que le guste, me llevará?

—Sí; pero si no me gusta ninguna de las que cantes, me tienes que pagar el pasaje.

A lo que convino el galleguito, y se hicieron a la vela.

Cuando llegaron a la barra, esto es, a la entrada del río empezó el patrón a cobrar el pasaje a los que venían en el barco; y cuando llegó al galleguito, le dijo éste:

—Patrón Lechuga, allá va una copliña.

Y comenzó a cantar: *Si fueras a la miña tierra/ y preguntaran por mí,/ le dices que estoy en Cádiz/ vendiendo agua y anís.*

—¿Ha gustado, patrón? —preguntó enseguida.

—No —respondió el patrón.

—Pues, patrón, allá va otra: *Patrón Lechuga, por Dios, /gústele alguna copliña,/ porque a los cuartos míos/ hanle entrado la morriña.*

—¿Ha gustado, patrón?

—No.

—Pues allá va otra: *Galleguillo, galleguillo,/ no seas más retraecteiro,/ mete la mano en la bolsa/ y paga al patrón su dinero.*

—¿Ha gustado, patrón?

—Esa, sí.

—Pues no pago —dijo, alegre, el galleguito.

Y se fue sin pagar.

FERNÁN CABALLERO: *Cuentos de encantamiento.* Ed. Magisterio-Casals.

EJERCICIOS DE RECAPITULACIÓN Y AUTOEVALUACIÓN

Lee con atención y haz dos cosas: escribe la tilde cuando corresponda y subraya las partículas interrogativas y exclamativas.

El burro volador

En la ribera del rio, en una casucha de piedras, vivia una familia muy pobre. Eran tan pobres que no habia nunca que comer para todos, y al menos uno debia quedarse en ayunas. Los niños le preguntaban al abuelo:

—¿Por que no somos ricos? ¿Cuando nos haremos ricos también nosotros?

El abuelo respondia:

—Cuando el burro vuele.

Los niños se reian. Pero algo creian. De vez en cuando iban al establo, donde el burro masticaba su paja, le acariciaban el lomo y le decian:

—¿Querras hoy? Mira que bonito dia, que bonito cielo. Es el dia indicado para volar.

Pero el burro sólo atendia a su paja.

Vinieron fuertes lluvias, el rio crecio. Cedio el dique y el agua se derramo sobre los campos.

Aquella pobre gente tuvo que refugiarse en el tejado, y alli llevaron también al burro, porque era toda su riqueza.

Los niños lloraban de miedo, y el abuelo les conto muchas historias y, de vez en cuando, para hacerles reir, le decia al burro:

—Imbecil, ¿ves en que lio nos has metido? Si supieses volar, nos salvarias.

Les salvaron, en cambio, los bomberos con su motora y los llevaron a un lugar seco. Pero el burro no quiso subir de ninguna manera [...]. ¿Y sabeis como lo salvaron? ¡Con un helicoptero! [...] Y aquellos niños, acampados sobre el dique como soldados de guerra, vieron llegar a su burro a traves del cielo.

Se levantaron de golpe, comenzaron a reir y a saltar, y gritaban:

—¡Vuela! ¡Vuela! ¡Somos ricos!

De todo el campamento, atraida por aquellos gritos, salio gente a mirar y a preguntar:

—¿Que ha ocurrido? ¿Que ha pasado?

—¡Nuestro burro vuela! —gritaban los niños—. Ahora somos ricos.

Algunos sacudian la cabeza, pero muchos sonreian como si sobre la llanura gris de la inundacion hubiese asomado el sol, y decian:

—Teneis tanta vida por delante que no sois pobres para nada.

Comprueba tus aciertos y escribe correctamente las palabras equivocadas.

El burro volador

En la ribera del río, en una casucha de piedras, vivía una familia muy pobre. Eran tan pobres que no había nunca que comer para todos, y al menos uno debía quedarse en ayunas. Los niños le preguntaban al abuelo:

—¿Por qué no somos ricos? ¿Cuándo nos haremos ricos también nosotros?

El abuelo respondía:

—Cuando el burro vuele.

Los niños se reían. Pero algo creían. De vez en cuando iban al establo, donde el burro masticaba su paja, le acariciaban el lomo y le decían:

—¿Querrás hoy? Mira qué bonito día, qué bonito cielo. Es el día indicado para volar.

Pero el burro sólo atendía a su paja.

Vinieron fuertes lluvias, el río creció. Cedió el dique y el agua se derramó sobre los campos.

Aquella pobre gente tuvo que refugiarse en el tejado, y allí llevaron también al burro, porque era toda su riqueza.

Los niños lloraban de miedo, y el abuelo les contó muchas historias y, de vez en cuando, para hacerles reír, le decía al burro:

—Imbécil, ¿ves en qué lío nos has metido? Si supieses volar, nos salvarías.

Les salvaron, en cambio, los bomberos con su motora y los llevaron a un lugar seco. Pero el burro no quiso subir de ninguna manera [...]. ¿Y sabéis cómo lo salvaron? ¡Con un helicóptero! [...] Y aquellos niños, acampados sobre el dique como soldados de guerra, vieron llegar a su burro a través del cielo.

Se levantaron de golpe, comenzaron a reír y a saltar, y gritaban:

—¡Vuela! ¡Vuela! ¡Somos ricos!

De todo el campamento, atraída por aquellos gritos, salió gente a mirar y a preguntar:

—¿Qué ha ocurrido? ¿Qué ha pasado?

—¡Nuestro burro vuela! —gritaban los niños—. Ahora somos ricos.

Algunos sacudían la cabeza, pero muchos sonreían como si sobre la llanura gris de la inundación hubiese asomado el sol, y decían:

—Tenéis tanta vida por delante que no sois pobres para nada.

GIANNI RODARI: *El libro de los errores.* Ed. Espasa-Calpe.

Ortografía de las letras

Los sonidos y las letras

139   **Los sonidos y las letras.** La lengua hablada constituye el modo de comunicación natural de las personas a través de los sonidos. Pero en la lengua escrita se representan los sonidos mediante letras.

En castellano, como en otras lenguas, no existe correspondencia exacta entre los sonidos y las letras; de ahí nacen los errores de la escritura, que llamamos **faltas de ortografía**.

La ortografía de las letras del castellano es la más fácil de entre las lenguas modernas. Compruébalo en el cuadro siguiente:

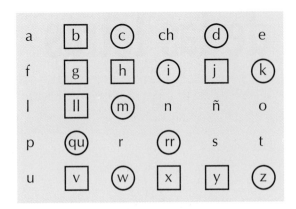

● Las letras que no llevan ninguna señal no ofrecen dificultad ortográfica: hay correspondencia exacta entre el sonido de la lengua hablada y la grafía o letra de la lengua escrita.

● Las que van dentro de un círculo ofrecen una pequeña dificultad, que puede resolverse mediante reglas sencillas.

c/qu	canica	**r/rr**	Enrique	**z/c**	mazazo
	quiosco		hórreo		pececito
	kilo				
i/y	oí	**m/n**	inválido	**d/z**	red
	hoy		hombro		vez

● Las que van dentro de un recuadro presentan mayor dificultad, porque siguen reglas más complejas o no siguen ninguna.

b/v	buenazo	**g/gu**	guapo	**g/j**	jirafa
	vaivén		guisar		gigante
	wolframio				
h	honda (profunda)	**ll/y**	arrollo (atropello)	**s/x**	escarbar
	onda (ola)		arroyo (riachuelo)		excavar

● Las letras **w** y **k** se consideran letras extranjerizantes y se recomienda su sustitución por **v** o **qu** respectivamente: *wolframio/volframio*; *kiosco/quiosco*.

● Lee con atención y analiza la dificultad ortográfica del texto siguiente. Señala con un recuadro las letras que presentan dificultad máxima y con un círculo cuando presentan escasa dificultad.

Un galgo negro ronda al viajero mientras el viajero come sus sopas de ajo y su tortilla de escabeche; es un perro respetuoso, un perro que lleva su pobreza con dignidad, que come cuando le dan y, cuando no le dan, disimula. A su sombra ha entrado también en el comedor un perro rufo y peludo, con algo de lobo, que mira cariñoso y extrañado. Es un perro vulgar, sin espíritu, que gruñe y enseña los colmillos cuando no le dan. Está hambriento y, cuando el viajero le tira un pedazo de pan duro, lo coge al vuelo, se va a un rincón, se acuesta y lo devora. El galgo negro lo mira con atención y ni se mueve.

CAMILO J. CELA: *Viaje a la Alcarria.*

140 El castellano es una lengua que se habla en muchos países y no en todos los sitios del mismo modo. Lee las siguientes palabras y observa si distingues o no su pronunciación.

caballero   cazo   harina
boyero   caso   hijo

Si no distingues entre la **ll** (elle) y la **y** (ye), es que eres yeísta.
Si pronuncias de igual forma *cazo* y *caso*, es que eres seseante y tendrás que distinguir:

cebo: comida que se da a los animales.
sebo: cierta grasa sólida; gordura.

cien: apócope de ciento.
sien: cada una de las dos partes laterales de la cabeza de las personas.

cegar: perder totalmente la vista;
segar: cortar mieses o hierba con la hoz.

ciervo: animal mamífero rumiante.
siervo: esclavo de un señor.

cerrar: asegurar con cerradura una puerta.
serrar: cortar con sierra.

cocer: someter algo a la acción del calor.
coser: unir con hilo dos o más pedazos de tela.

cesión: renuncia de alguna cosa a favor de otra persona.
sesión: cada una de las juntas de una corporación.

● En el caso de que seas seseante, completa la lista con otras palabras que emplees en tu pueblo o ciudad.

....

● La **h** es una letra «muda», no obstante, se aspira, es decir, se pronuncia como una **j** suave en hablas andaluzas, canarias, extremeñas y en países de habla hispana en América.

Uso de las mayúsculas

141 Lee con atención y observa el empleo de las mayúsculas.

Viaje a la Alcarria

El viajero se mete en la fonda, a comer. Antes se da un baño de pies, un baño de agua caliente con sal, que le deja nuevo. En el comedor están una señorita de pueblo y su mamá.

—Buenos días, que aproveche.

—Buenos días tenga usted. ¿Usted gusta?

La señorita bebe vino blanco y toma tricaleine. Es una chica pálida, con las manos bien dibujadas y el pelo castaño, peinado en ricitos que le caen sobre la frente. De cuando en cuando, tose un poco.

En las paredes del comedor hay un reloj de pesas, un canario que se llama Mauricio, metido en su jaula de alambre dorado, y tres cromos de colores violentos, chillones, con marco de metal. Un cuadro representa el cuadro de *Las lanzas;* otro, *Los borrachos,* y otro *La Sagrada Familia del Pajarito.* Dos gatos rondan, a lo que caiga. Uno es rubio y se llama Rubio, otro es moreno y se llama Moro. No hay duda de que quien los bautizó era un imaginativo.

CAMILO J. CELA: *Viaje a la Alcarria.*

Observa la forma y tamaño de las mayúsculas que suelen emplearse en la escritura manuscrita.

a b c ch d e f g h i j k l ll m n ñ o p q r s t u v w x y z

a b c

A B C CH D E F G H I J K L LL M N Ñ O P Q R S T U V W X Y Z

A B C

● El mejor modo de aprender la ortografía de las letras es leer con atención y escribirlas con letra clara y legible. Copia el abecedario de las letras mayúsculas y minúsculas:

....

....

142 El uso de la mayúscula inicial sigue unas reglas que debes aprender. Copia con letra clara y legible las palabras de la lectura anterior que siguen las reglas siguientes:

• Cuando se inicia un escrito y después de punto: *El* ....

....

• Los nombres propios de personas, animales, cosas, etcétera: *Mauricio* ....

....

• La primera letra de los títulos de obras literarias, artísticas...: *Las lanzas* ....

....

• Los atributos divinos, como Dios, la Virgen, Creador...: *Sagrada Familia* ....

....

143 Observa:

La Alcarria y los alcarreños   Andalucía y los andaluces
Europa y los europeos   Marte y los marcianos.

144 Señala con un círculo la letra que debe escribirse en mayúscula.

- el río guadalquivir permite que muchos andaluces disfruten de una próspera agricultura.
- la sagrada familia está formada por san josé, la virgen y jesús.
- josé ruiz, el pecas, ha sido detenido por la policía en los picos de europa.
- el caballo del cid se llamaba babieca y sus espadas recibieron los nombres de tizona y colada.
- mañana iremos a ver *el príncipe de egipto*, una película de dibujos animados sobre la vida de moisés.

145 Lee con atención la siguiente carta.

Muy Sr. mío:

Me ha comunicado D. José, el vecino que vive debajo de usted, que ha instalado en la terraza de su piso unas jaulas en las que cría palomas. Ello le causa molestias por el ruido y la suciedad de excrementos. Le recuerdo a Ud. que está prohibido tener estos animales en la terraza, por lo que le ruego que proceda a su desalojo.

Sin otro particular, le saluda atte.

El presidente de la comunidad de vecinos.

146 Escribe frases empleando las siguientes abreviaturas.

Sr. D.: ....

Ud.: ....

147 AVERIGUA LO QUE SABES. Señala con un círculo la letra que debe escribirse en mayúscula.

- la biblia nombra a dios con distintos nombres: cordero, pastor, redentor, salvador...
- me he comprado un libro de gustavo martín garzo titulado *el lenguaje de las fuentes*.
- querida irene: te escribo esta postal desde la isla canaria de el hierro...
- el famoso ladrón de bancos, el manitas, se ha fugado de la cárcel provincial de málaga.
- en la ciudad hispalense hay dos equipos de fútbol en primera división: el betis y el sevilla.
- sr. d. anastasio calle: envíeme, a la mayor brevedad, la novela *crónica de una muerte anunciada*, del escritor colombiano gabriel garcía márquez.

Uso de C, Z y Q

148 Lee con atención y subraya las palabras que llevan los sonidos *ka* y *ce*.

El niño miraba el agua

Miño del atardecer
con dos hileras de pinos,
¡ay qué dulcísimo río!

Hondo entre piedras guardado
con un silencioso **sino**
deslizándose al encuentro
de otro río delgadísimo,
!ay qué dulcísimo río!

Que salta como una corza
que se entrega a su destino,
¡ay qué dulcísimo río!

CARMEN CONDE.

sino: destino

● Escribe las palabras que llevan el sonido *ka*.

....

● Escribe las palabras que llevan el sonido *ce*.

....

149 Lee con atención y observa la ortografía del sonido *ka* y *ce*:

cama
cometa
cuchara

zanahoria
zoológico
zuecos

queso   cepillo
quimono   circo

● Ahora contesta:

• ¿En qué sílabas **c** y **z** no crean dificultad ortográfica?

....

• ¿En qué sílabas ofrecen dificultad ortográfica? ....

• ¿Conoces alguna palabra en que la letra **q** se escriba sin ir acompañada de la **u**? ....

• ¿Por qué? ....

150 Escribe la palabra correspondiente a las ilustraciones. En el recuadro aparecen con las sílabas desordenadas.

 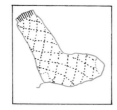  

....

| ZA-RE-CE |
| CE-RO-CA-LA |
| TO-CIR-CUI |
| CO-CIR |
| NI-CE-CAR-RÍA |
| CO-CIN |
| ZA-BE-CA |
| CI-CAL-LLO-ZON |
| ZÓN-RA-CO |
| RO-CI-NE-CO |
| CE-CAL-TÍN |
| TOR-CA-CE |

....

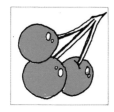 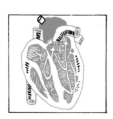  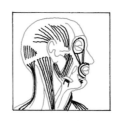

....

151 La letra **c** al final de sílaba se pronuncia siempre fuerte como la *ka*: *acto* [akto], *técnica* [téknica], *octógono* [októgono]. Pronuncia correctamente las siguientes palabras.

sector   lección   conductor   azteca   hazmerreír

Escribe **c** o **z**, según convenga.

enfure   co   a   ción   humede   camos   constru   tor   ha   merreír
enveje   co   satisfa   ción   fa   tura   condu   co   obede   camos

152 AVERIGUA LO QUE SABES. Completa con **c, z** o **qu**, según convenga.

- Hoy ha   e un día resplande   iente; saldremos a   omer al   ampo.
- Este chi   illo cre   ió en un ambiente de miseria.
- Care   co de datos para emitir un jui   io en este asunto.
- Re   ono   co que no sé nada de la   ivili   a   ión a   teca.
-    ompra un   ilo de   ere   as en el mer   ado.
-    ada uno tiene su   ora   on   ito para emo   ionarse.

69

153 Observa la ortografía de la conjugación y completa las series.

	Presente de indicativo	**Presente de subjuntivo**
Marcar	marco, marcas, marca	marque, marques, marque
Masticar	....	....
Fabricar	....	....
Aplazar	aplazo, aplazas, aplaza	aplace, aplaces, aplace
Rezar	....	....
Comenzar	....	....
Padecer	padezco, padeces, padece	padezca, padezcas, padezca
Envejecer	....	....
Crecer	....	....

Explica qué fenómenos ortográficos se producen ....

....

154 Algunas palabras se escriben con doble **c** (cc). Lee silabeando y pronuncia correctamente la **c** al final de sílaba.

lección → lec-ción   ambición → am-bi-ción
accidente → ac-ci-den-te   relación → re-la-ción

Escribe ahora derivados.

redacción: redactar, redactor   sección: ....
conducción: ....   construcción: ....
corrección: ....   inyección: ....
colección: ....   dirección: ....
dicción: ....   reacción: ....

aprende: Se escriben con doble *cc* las palabras en que, al formar la familia léxica, se transforma la *cc* en *ct*.

155 Forma verbos de los nombres siguientes y haz tú lo mismo.

colección → *coleccionar: colecciono, coleccioné, coleccionaré*

perfección: ....

inspección: ....

confección: ....

ambición → *ambicionar: ambiciono, ambicionaré, ambicioné*

mención: ....

solución: ....

emoción: ....

156 Escribe con **c** o **cc**, según convenga.

ale ionar	promo ionar	inspe ión	distribu ión	produ ión
evolu ionar	cole ionar	suposi ión	perfe ión	maldi ión
ambi ión	sele ión	calefa ión	confe ionar	produ ir
exposi ión	afi iones	atra iones	transi ión	observa ión
dila ión	solu ionar	evolu ionar	proye ión	op ión
dete ión	inven iones	inye ión	infla ión	constru iones

157 AVERIGUA LO QUE SABES. Escribe las letras **c**, **cc**, **z** o **qu**, según convenga.

- Muchas constru iones afean las   iudades y se han levantado para sastisfa   er la ambi   ión de unos pocos.

- La proye   ión de la pelí   ula se ha suspendido por falta de calefa   ión en el   ine.

- No bus   es en esta planta del museo la cole   ión de monedas; esa exposi   ión está en la   inta.

- Va todas las semanas al par   e de atra   iones por su afi   ión a subir en la montaña rusa.

- Pade   e una afe   ión cardiaca, y le tienen que poner una inye   ión a la semana.

- La produ   ión de la fresa de Huelva se destina, en su mayor parte, a la exporta   ión.

- Tienes que mejorar tu di   ión, omites muchos sonidos al hablar.

- Debes ir al médico sin dila   ión para que te re   ete algo para esa infe   ión de garganta.

Uso de la *D* y *Z* finales

158 Observa las ilustraciones e identifícalas con las palabras del recuadro. Ten en cuenta que las sílabas están desordenadas.

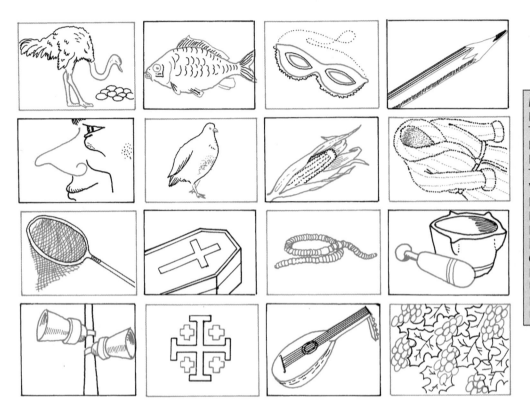

MI-AL-REZ
DIZ-PER
TA-AL-VOZ
PIZ-LÁ
BRIZ-LOM
TRUZ-VES-A,
VID
PEZ
RED
FAZ-TI-AN
ÍZ-MA
CRUZ
RIZ-NA
ÚD-LA
BOR-AL-NOZ
ÚD-TA-A

Fíjate y haz tú lo mismo.

ataúd → *ataúdes*   pez → *peces*   ....

....

....

....

....

aprende: • Se escriben con *d* las palabras que hacen el plural en *-des*.
· • Se escriben con *z* las palabras que hacen el plural en *-ces*.

159 Escribe en singular las siguientes palabras.

tapices: *tapiz*   jueces: ....   estupideces: ....

multitudes: ....   sociedades: ....   huéspedes: ....

barnices: ....   nueces: ....   mitades: ....

humedades: ....   tempestades: ....   raíces: ....

160

Escribe *d* o *z*, según corresponda.

socieda	varieda	codorni	humeda	lombri
noveda	atrocida	barni	disfra	ho
cáli	cicatri	andalu	mita	majesta
amabilida	co	alborno	re	huéspe

161

Escribe el adjetivo correspondiente.

eficacia: *eficaz*   velocidad: ....   capacidad: ....

ferocidad: ....   voracidad: ....   audacia: ....

felicidad: ....   fugacidad: ....   precocidad: ....

sagacidad: ....   tenacidad: ....   veracidad: ....

162

Fíjate y haz tú lo mismo.

oscuro: *oscuridad*   pálido: ....   malo: ....

nuevo: ....   esclavo: ....   rápido: ....

sencillo: ....   sensible: ....   apto: ....

lento: ....   escaso: ....   amplio: ....

163

La segunda persona del plural del imperativo acaba en **-d**. Fíjate y haz tú lo mismo.

buscar: *buscad*   *Buscad en la cocina algo para comer.*

estudiar: ....

leer: ....

ver: ....

164

AVERIGUA LO QUE SABES. Completa con **d**, **z** o **c**, según convenga.

- Mira   esa pare   y ve   las pintadas que han hecho un grupo de gamberros; habrá que limpiarlas, como otras ve   es, y dar a los ladrillos una capa de barni   .
- La juventu   muestra una gran sensibili   a   ante la escase   de alimentos en el Tercer Mundo.
- En esta empresa no se valora la rapide   y velo   ida   en realizar un trabajo, sino en que esté bien hecho en el tiempo necesario.
- Es una estupide   pensar que este tapi   tiene un gran valor; este tipo se encuentra con facilida   en cualquier tienda de muebles.
- Es una gran verda   que la excesiva velo   ida   con que conducen muchos jóvenes ha roto la feli   ida   en muchas familias.

Tapa con una cuartilla los textos originales y realiza estos ejercicios.

Completa las palabras mutiladas con *c, cc, z* o *d*, según convenga.

cole ión	huéspe	re	sensibilida	cicatri
majesta	ambi ión	so ieda	tapi	nari es
dila ión	raí es	inven ión	maldi ión	preco
saga	solu ión	inye ión	perfe ión	feli ida
confe ión	malda	nue es	atra ión	fero

Completa con *c, z* o *d*, según convenga.

- Quien di e verda ni peca ni miente.
- A la veje , viruelas.
- Tras la cru está el diablo.
- El arro , el pe y el pepino na en en agua y mueren en vino.
- Ha e me alcalde hogaño, y yo os haré otro año.
- En la a versida se cono e al amigo.
- Ha el bien y no mires a quien.
- Un solo a to no ha e hábito.

Comprueba tus aciertos y escribe correctamente las palabras equivocadas.

....

Completa las palabras mutiladas con *c, cc* o *d*, según convenga.

colección	huésped	red	sensibilidad	cicatriz
majestad	ambición	sociedad	tapiz	narices
dilación	raíces	invención	maldición	precoz
sagaz	solución	inyección	perfección	felicidad
confección	maldad	nueces	atracción	feroz

- Quien dice verdad ni peca ni miente.
- A la vejez, viruelas.
- Tras la cruz está el diablo.
- El arroz, el pez y el pepino nacen en agua y mueren en vino.
- Hacedme alcalde hogaño, y yo os haré otro año.
- En la adversidad se conoce al amigo.
- Haz el bien y no mires a quien.
- Un solo acto no hace hábito.

Lee con atención y completa las palabras mutiladas escribiendo *c, z, d* o *qu*.

El Príncipe Feliz

En la parte más alta de la   iuda , sobre una columnita, se alzaba la estatua del Prín   ipe Feli   . Estaba toda cubierta de finas láminas de oro. Tenía, a guisa de ojos, dos   entelleantes zafiros, y un gran rubí rojo ardía en el puño de la espada. Una golondrinita, cuando llegó el otoño, no   iso acompañar a sus compañeras en la emigración a tierras cálidas, se quedó en la   iuda   y se hizo amiga del Prín   ipe Feli   .

El día siguiente lo pasó entero sentada sobre el hombro del Prín   ipe, contándole historias de lo   e había visto en tierras lejanas. Le habló de los ibis rojos,   e forman largas hileras a orillas del Nilo y pescan pe   es de colores a picota   os; de la Esfinge,   e es tan vieja como el mundo, vive en el desierto y lo sabe todo; de los mercaderes,   e caminan lentamente junto a sus camellos, mientras pasan en sus manos las cuentas de ámbar de sus rosarios; del Rey de las Montañas de la Luna,   e es tan negro como el ébano y adora un gran blo   e de cristal; de la gran serpiente verde   e duerme en una palmera y a la cual se encargan de alimentar con dul   es de miel veinte sa   erdotes; y de los pigmeos   e navegan por un gran lago sobre anchas hojas aplastadas, y están en guerra permanente contra las mariposas.

—   erida Golondrinita —dijo el Prín   ipe—, me cuentas cosas maravillosas, pero más maravilloso aún es lo   e soportan los hombres y las mujeres. No hay Misterio más grande   e la Miseria. Vuela por mi   iuda , Golondrinita, y dime lo   e veas.

Así pues, la Golondrinita se echó a volar por la gran   iuda , y vio a los ricos rego   ijándose en sus magníficas mansiones, mientras los mendigos se sentaban a sus puertas. Voló por sombríos callejones y vio los pálidos semblantes de los niños hambrientos   e miraban lánguidamente las oscuras callejas. Bajo los arcos de un puente estaban acostados dos niños, abra   ados uno a otro para darse calor. «¡   é hambre tenemos!», de   ían. «¡No se puede estar tumbado a   í!», les gritó un guardia, y se alejaron bajo la lluvia. Enton   es la Golondrina reanudó su vuelo y fue a contar al Prín   ipe lo   e había visto.

—Estoy cubierto de oro fino —dijo el Prín   ipe—, despréndelo hoja por hoja y dáselo a mis pobres; los hombres siempre creen   e el oro puede ha   erles feli   es.

Hoja por hoja fue arrancando la Golondrina el oro fino hasta   e el Prín   ipe Feli   se   edó completamente deslu   ido. Hoja por hoja lo distribuyó entre los pobres, y las caras de los niños se tornaron nuevamente sonrosadas, y rieron y jugaron por las calles. «¡Ya tenemos pan!», gritaban.

Enton   es llegó la nieve, y después de la nieve el hielo. Las calles pare   ían de plata, por lo mucho   e brillaban y relu   ían. Largos carámbanos como puñales de cristal pendían de los aleros de las casas. Todo el mundo iba cubierto de pieles, y los niños llevaban gorritos rojos y patinaban sobre el hielo.

OSCAR WILDE: *Cuentos.* Ed. Espasa-Calpe.

Comprueba tus aciertos y escribe correctamente las palabras equivocadas.

....

Observa las palabras que debes escribir correctamente. Se omiten las palabras repetidas.

ciudad	Príncipe	Feliz	centelleantes	quiso
que	peces	picotazos	bloque	dulces
sacerdotes	querida	regocijándose	abrazados	decían
aquí	Entonces	hacerles	felices	quedó
deslucido	parecían	relucían		

Uso de *R* y *RR*

165 Lee con atención el siguiente romance y subraya las palabras que contienen el sonido *erre* fuerte.

ROMANCE DE LA INFANTINA

A cazar va el caballero,
a cazar como solía;
los perros lleva cansados,
el halcón perdido había,
arrimárase a un roble,
alto es a maravilla.
En una rama más alta,
viera estar una infantina;
cabellos de su cabeza
todo el roble cubrían.
—No te espantes, caballero,
ni tengas tamaña grima.
Hija soy yo del buen rey
y de la reina de Castilla;
siete hadas me hadaron
en brazos de un ama mía,
que andase los siete años

sola en esta montiña.
Hoy se cumplían siete años,
o mañana en aquel día;
por Dios te ruego, caballero,
llévame en tu compañía,
si quisieras por mujer,
si no, sea por amiga.
—Esperadme vos, señora,
hasta mañana, aquel día,
iré yo tomar consejo
de una madre que tenía.
La niña le respondiera,
y estas palabras decía:
—¡Oh, mal haya el caballero
que sola deja la niña!
Él se va a tomar consejo,
y ella queda en la montiña.

ANÓNIMO.

166 Recuerda que el mejor modo de aprender la ortografía de estas letras es leer con atención y escribirlas con caligrafía clara y legible. Copia y practica:

R, r, R, r, R, r ....

● Ahora copia las palabras del poema que tienen estas letras.

- Sonido suave *ere*: *cazar*, ...
- Sonido fuerte *erre*: *perros*, ...

167 Completa las frases con palabras del recuadro.

- .... gana mucho, pero .... poco.
- Este .... es muy ....
- En las .... del Rocío los romeros no llevan ....
- ¿........................ no tenías un .... en la finca del campo?
- Mira cómo juega la .... con la ....

ahora	ahorra
caro	carro
careta	carretas
pero	perro
pera	perra

168 Escribe la palabra correspondiente a las ilustraciones. En el recuadro aparecen con las sílabas desordenadas.

....

YO SOY RAMÓN.
Y YO, ENRIQUE.
VEN, QUE TE PRESENTO A UN AMIGO. CURRO.

....

....

| RRO-CI-GA |
| RRA-GO |
| RA-TE-CA-RRE |
| NA-RA |
| O-RÍ |
| SA-RO |
| CHA-RA-CU |
| COL-CA-RA |
| RO-RE-FLO |

aprende: **El sonido fuerte *erre* se escribe:**
- **Con dos erres (*rr*) en medio de palabras cuando va entre vocales.**
- **Con una *r* a principio de palabra y en medio de palabra cuando no va entre vocales.**

169 AVERIGUA LO QUE SABES. Completa con **r** o **rr**, según convenga.

- Au o a y Da ío han sufrido un grave accidente en la ca ete a.
- Este pe o parece enfermo, ten cuidado no tenga la abia y te muerda.
- Este iachuelo se llama A oyo de las anas.
- En este estaurante se permite fumar ciga illos, pero no, ciga os pu os.
- Ponte se io y no te ías, a amón no le gustan esas bromas.
- En este obledal hay obles y encinas ca asque as.
- En ique tiene la ca a muy oja, pa ece que está i itado y muy enfadado.
- La go a que se ha comprado Luisa es de color osa.

77

170 Observa el uso de **rr** en la formación de palabras compuestas y derivadas.

guarda + ropa → *guardarropa*   sin + razón → *sinrazón*

auto + radio → *autorradio*   des + rizar → *desrizar*

● Explica cuándo se escribe **r** o **rr**.

....

171 Observa y haz tú lo mismo.

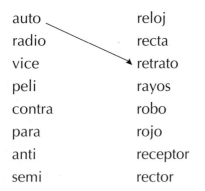

auto   reloj   *autorretrato*

radio   recta

vice   retrato   ....

peli   rayos

contra   robo   ....

para   rojo

anti   receptor   ....

semi   rector

172 Escribe **r** o **rr**, según convenga.

- El portero ha cogido el balón fuera del área y ha   ealizado una acción anti   eglamentaria.
- Las   atas se ven por todo el edificio, y ya hemos   equerido la intervención de des   atizadores.
- Esos   izos no te favorecen nada, y debes des   izarte un poco el pelo.
- Tanto el director como el secretario del colegio han tenido que poner una alarma anti   obo al coche porque le han   obado varias veces el auto   adio.
- Dicen que van a poner un tren mono   aíl hasta el aeropuerto propulsado por un tur-bo   eactor.
- El ciclista ganó la ca   era en la etapa contra   eloj.
- No confundas una semi   ecta con una línea   ecta.

173 El prefijo IN, que aporta a la palabra derivada el matiz significativo de negación, falta o privación, adopta diversas formas.

IN	útil	*inútil*	**I**	responsable	*irresponsable*
	satisfecho	....		real	....
	tocable	....		respirable	....
	variable	....		racional	....
	noble	....		regular	....

78

174 Escribe frases en las que emplees las siguientes palabras:

irrecuperable: *Esta pérdida de los seres queridos siempre es irrecuperable.*

irreparable: ....

irreflexivo: ....

irremediable: ....

175 Elige una palabra del recuadro.

- Trasladar cosas en un carro. ....

- Ponerse de rodillas. ....

- Tapar, poner ropa encima. ....

- Poner en un rincón. ....

- Llegar una nave a puerto. ....

- Causar ruina. ....

- Tomar tierra un avión. ....

acarrear
aterrizar
aterrorizar
arruinar
arribar
arrinconar
arriesgar
arropar
arrodillar

176 Fíjate y haz tú lo mismo.

hacerse raro: *enrarecer*

poner rejas: ....

ponerse rojo: ....

introducir en forma de rosca: ....

echar raíces: ....

hacerse rico: ....

quedarse ronco: ....

prender en una red: ....

177 AVERIGUA LO QUE SABES. Completa con **r** o **rr**, según convenga.

- En esta universidad hay un   ector y cuatro vice   ectores.
- Este niño peli   ojo tiene ate   orizado a todo el ba   io con sus travesuras.
- Hay gente que se ha en   iquecido con negocios poco   ecomendables.
-     osaura siempre ha sido muy   esponsable; su hermano, sin embargo, tiene un comportamiento i   eflexivo e i   acional.
- Este tapón no en   osca bien porque la   osca está   ota.
- La ca   era de ciclistas acabará en una etapa contra   eloj.
- Se puso   ojo de ira y quedó   onco de los gritos que dio.

Uso de M y N

178 Lee con atención el siguiente poema.

—Yo soy ardiente, yo soy morena,
yo soy el símbolo de la pasión,
de ansia de goces mi alma está llena.
¿A mí me buscas?
   —No es a ti, no.

—Mi frente es pálida; mis trenzas, de oro;
puedo brindarte dichas sin fin;
yo de ternura guardo un tesoro.
¿A mí me llamas?
   —No es a ti, no.

—Yo soy un sueño, un imposible,
vano fantasma de niebla y luz;
soy incorpórea, soy intangible;
no puedo amarte.
   —No es a ti, no.

GUSTAVO ADOLFO BÉCQUER.

● Debes cuidar el no confundir en la escritura la **m** y la **n**. Copia y practica caligrafía:

M, m, N, n ....

● Ahora copia las palabras del poema en que aparecen estas letras al final de sílaba ante consonante.

- *ardiente* ....
- *símbolo* ....

179 Lee con detenimiento las siguientes palabras.

campo	hambre	manguera	anverso
ciempiés	tiembla	Enrique	envase
imperial	mimbre	rincón	invidente
pompa	hombro	ronda	convocar

Ahora subraya las letras ante las que se escribe **m**. Ej.: *campana, embudo*.

aprende: **Se escribe *m* antes de *b* y *p*.**

180 Completa con *n* o *m*, según convenga.

ca ta te	zu bido	te blor	e vasar	ho breras
co prador	ca panario	ca bio	e vidioso	co pre der
ha bre	tu bona	ha briento	si pático	cie piés

80

181 Recuerda que el prefijo *in* significa «negación», por eso se emplea para formar antónimos, palabras de significados contrarios. Observa y haz tú lo mismo.

in		
	borrable	*imborrable*
	bebible	....
	posible	....
	perfecto	....

in		
	variable	*invariable*
	vencible	....
	verosímil	....
	cansable	....

Ahora explica por qué el prefijo *in-* se transforma en *im-* en algunas palabras.

....

182 Repite el ejercicio con los prefijos *en-* y *con-*.

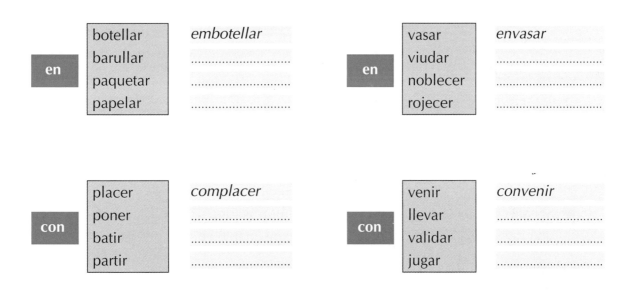

en		
	botellar	*embotellar*
	barullar	....
	paquetar	....
	papelar	....

en		
	vasar	*envasar*
	viudar	....
	noblecer	....
	rojecer	....

con		
	placer	*complacer*
	poner	....
	batir	....
	partir	....

con		
	venir	*convenir*
	llevar	....
	validar	....
	jugar	....

183 AVERIGUA LO QUE SABES. Escribe **m** o **n** en las palabras mutiladas.

i pone te	i porta te	co vocatoria	e barcadero
i novación	co tenedor	e bellecer	i pe sable
co nive cia	e pre dedor	i borrable	i no brable
e venenar	e bobar	i válido	i noble
co puerta	i pecable	e viudar	e barra car
e suciar	i negable	co ve cer	e papar
retu bar	e vanecerse	i verosímil	i vitación

Uso de *I, Y, LL*

184 La letra **y** se llama *i griega* o *ye*. Lee con atención y subraya las palabras que se escriben con **y** o con **ll**.

Rey don Sancho, Rey don Sancho

Sobre el muro de Zamora
vi un caballero erguido;
al real de los castellanos
decía con grandes gritos:

—¡Rey don Sancho, rey don Sancho,
no digas que no te aviso,
que del cerco de Zamora
un traidor había salido:
Vellido Dolfos se llama,
hijo de Dolfos Vellido;

si gran traidor fue su padre,
mayor traidor es el hijo;
cuatro traiciones ha hecho,
y con ésta serán cinco!
Si te engaña, rey don Sancho,
no digas que no te aviso.

Gritos dan en el real:
¡A don Sancho han malherido!
¡Muerto le ha Vellido Dolfos,
gran traición ha cometido!

ANÓNIMO.

185 **Confusión entre la letra** *y* **e** *i*. Con la letra **y** representamos en la escritura el sonido vocálico **i** y el consonántico **ye**. Copia, con letra clara y legible, las palabras del poema que tienen la letra **y**.

- La **y** con sonido vocálico de **i**: ....
- La **y** con sonido de consonante **ye** ....

● Señala con un círculo la letra **y** en las palabras en que se pronuncia como la vocal **i,** y con una raya cuando se pronuncia como la consonante **ye**. Ej.: *esto* y , *yate*.

estoy	Luisa **y** Ana	yugo	cayado
hay	el perro **y** el gato	yeso	payo
Paraguay	pan **y** chocolate	yema	ayuda

186 **Confusión entre** *y* **y** *ll*. Lee detenidamente las siguientes palabras.

pollo - poyo   valla - vaya   callado - cayado

Si al pronunciarlas no observas diferencias, es que eres yeísta; es decir, identificas en la pronunciación las letras **ll** (*elle*) y **y** (*ye*).

Observa cómo se pronuncia la **ll**: *pollo* → "polyo"   *callado* → "calyado"

● Escribe las palabras del poema que se escriben con **ll**: ....
....

187

Escribe la palabra correspondiente a las ilustraciones. En el recuadro aparecen con las sílabas desordenadas.

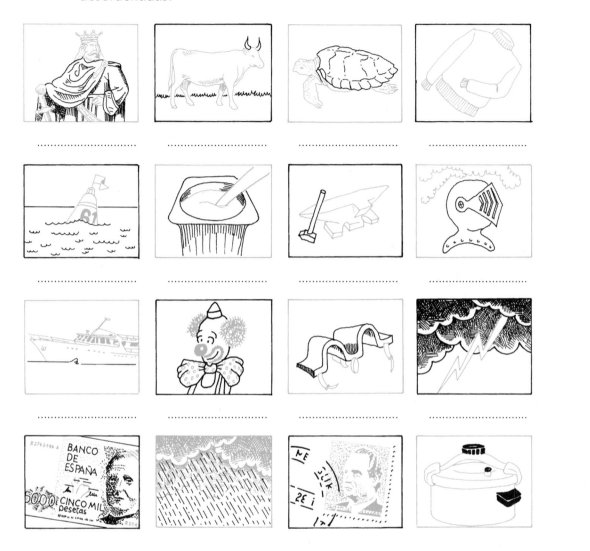

....

....

....

....

MO-YEL
YO-RA
GO-YU
LLE-TE-BI
SO-YA-PA
QUE-YUN
LLA-O
YA-BO
REY
REY-CA
TE-YA
VIA-LLU
GUR-YO
BUEY
SEY-JER
LLO-SE

188

AVERIGUA LO QUE SABES. Recuerda que las palabras de la misma familia léxica tienen la misma ortografía. Completa con **i**, **y** o **ll**.

- No he dicho que tuviera dos jersé s; sólo tengo un jerse   amari   o de algodón.
- Si no quieres que te   amen pa   aso, no hagas pa   asadas.
- Con la   uvia se ha mojado la carta,   no se ven bien el se   o ni el matase   os.
- Esto no se cocina en la o   a, sino en una cazuela a fuego lento, sin que se vea apenas la   ama.
- El   ate no vio la bo   a   se estre   ó contra las rocas.
- Estos bue   es parecen toros bravos, no aguantan que les pongan el   ugo.
- Abrió la bi   etera   le dio al mendigo un bi   ete de dos mil pesetas.
-    ama por teléfono a casa y di que compren   ogures.

189 Pronuncia correctamente las siguientes palabras y observa cómo se escriben.

oí
reí
leí
ahí
huí

hoy
rey
ley
hay, ¡ay!
¡huy!

aprende: Se escribe *y* al final de palabra si ésta acaba en diptongo o triptongo y es inacentuada. Si está acentuada, se escribe *i*.

190 Completa las frases con las siguientes palabras.

oí-hoy:
reí-rey:
leí-ley:
ahí-hay:
ahí-¡ay!:
ahí-hay-¡ay!:
reyes-leyes:

Hoy oí en la radio que el río se ha desbordado.

Me .... mucho cuando vi la película de *El* .... *pasmado.*

Este alcalde es un hombre de .... Ayer lo .... en el periódico.

.... carne ...., en esa cazuela; sírvete un buen plato.

¡..............!, me he quemado. No agarres la cazuela por ....

.............., en ese banco, ... un anciano que se queja y dice ¡...............!

En las monarquías absolutas, los .... hacían las ....

191 Fíjate cómo se escribe el sonido vocálico **i** cuando es conjunción y forma una palabra.

Ramón **y** Pepa   pan **y** chocolate   camisa **y** corbata
regla **y** cartabón   zapatillas **y** calcetines   perros **y** gatos.

aprende: La conjunción *y* se escribe siempre *y* (ye).

Escribe dos frases en las que emplees la conjunción **y**.

....

....

192 Observa y lee.

rod **illo**	rod **illa**
tob **illo**	morc **illa**
cuch **illo**	heb **illa**
pase **íllo**	coron **illa**

aprende: **Se escriben con *ll* las terminaciones *-illo, -illa, -illos, -illas.***

193

En muchas ocasiones las terminaciones *-illo, -illa, -illos, -illas* son sufijos diminutivos emplea-dos en la formación de palabras derivadas. Escribe palabras del recuadro que terminan en **-***illo* o *-illa.*

torta	curso	manzana
molino	cabeza	pelo
mano	dedo	cuchara
fleco	rosca	guinda
zancada	boca	carta

....
....
....
....
....

● En algunos casos la palabra que has formado adquiere un significado diferente. Así ocurre, por ejemplo, con *manzana* y *manzanilla.* Consulta el diccionario y señala tú otras.

....

194

AVERIGUA LO QUE SABES. **Completa las palabras mutiladas con ll o y.**

- A   er terminé el trabajo de matemáticas; ho   mañana los dedicaré a preparar el exa-men de historia.
- Alcánzame el marti   o, que vo   a clavar este paipa   en la pared.
- Necesito un molini   o y una cuchari   a. ¿Ha   por aquí, en algún armario de la cocina?
- Mi abuelo se está quedando calvo y tiene una coroni   a bri   ante, pero mantiene unos peli   os en el flequi   o.
- Mi abuela tiene unos lentes con montura de care   .
- Te he dicho que compres manzani   a, no manzanas.
- ¡Podrías haber traído también guindi   as de postre!
- Desde que tuvo el accidente, le duele la rodi   a y el tobi   o.
- A   í, en ese parque, ha   mucha gente;   o no vo   porque no me gustan las aglomeracio-nes.

195 Completa la conjugación de los tiempos verbales.

		Presente de indicativo	Pretérito perfecto simple	Pretérito imperfecto de subjuntivo
Leer	yo	leo	leí	leyera o leyese
	tú	lees	leíste	leyeras o leyeses
	él/ella	lee	leyó	leyera o leyese
	nos.	leemos	leímos	leyéramos o leyésemos
	vos.	leéis	leísteis	leyerais o leyeseis
	ellos	leen	leyeron	leyeran o leyesen
Construir	yo	construyo	construí	construyera o construyese
	tú	....	....	....
	él/ella	....	construyó	....
	nos.	construimos	....	....
	vos.	....	....	construyerais o construyeseis
	ellos	construyen	construyeron	....
Oír	yo	oigo	oí	oyera u oyese
	tú	oyes	oíste	....
	él/ella	....	oyó	....
	nos.	oímos	....	....
	vos.	....	....	....
	ellos	....	....	oyeran u oyesen

aprende: **Se escriben con *y* las formas verbales cuyo infinitivo no tiene ni *ll* ni *y*.**

196 Completa empleando la forma verbal correspondiente.

• Juan (construir) .... una casa el año pasado, pero un día de tormenta (caer) .... un rayo y se la (destruir) .... Entonces (ir) .... un día a la ciudad, (oír) .... decir que vendían unos pararrayos nuevos que evitaban este tipo de accidentes. Se (instruir) .... (leer) .... muchos libros, lo compró y lo instaló él mismo.

197 Fíjate y haz tú lo mismo.

	Chillar	Hallar	Ayudar	Apoyar
yo	chillé	hallé	ayudé	apoyé
tú	chillaste	....	....	....
él/ella	chilló	....	....	....
nos.	chillamos	....	....	....
vos.	chillasteis	....	....	....
ellos	chillaron	....	....	....

aprende: **Cuando un verbo en infinitivo lleva *ll*, todas las formas de la conjugación se escriben con *ll*; si el infinitivo lleva *y*, todas sus formas se escriben con *y*.**

198 Completa el crucigrama con verbos que se escriben con **ll** o **y**.

VERTICAL:

1. Tomaron el primer alimento por la mañana.

HORIZONTALES:

1. Referir una cosa con todos los detalles.
2. Pasar precipitadamente por encima de alguien.
3. Probar; conocer una cosa antes de usarla.
4. Frustrarse o salir fallida una cosa.
5. Señalar un texto con una raya por debajo.
6. Prestar cooperación, auxiliar, socorrer.
7. Acción de dar yeso.
8. Dar aullidos.
9. Hurtar, robar; sorprender a alguien.
10. Pisar.
11. Entablar conversación con persona desconocida.

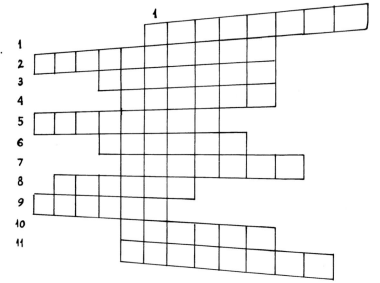

199 AVERIGUA LO QUE SABES. Completa con **ll** o **y**, según convenga.

- Anteaer, endo al cine, casi me atropea un coche al cruzar la cae.
- Aúdame a ensaar la obra de teatro.
- No chies, habla bajo y cuéntame con detae lo que te ha asustado.
- Si leerais más, no cometeríais tantas faltas de ortografía.
- En esta plaza confluen las caes más importantes de la ciudad.
- Compra cinco quilos deeso para enesar las paredes antes de pintarlas.
- No te enroes, cáate y vamos a ensaar la obra de teatro.

200 **Palabras homófonas con y y ll.** Aprende el significado y completa frases.

arrollo (arrastrar, pasar por encima)
arroyo (corriente de agua)   Al cruzar el ...., ... con el coche una vaca.

callado (en silencio)
cayado (bastón corvo, garrote)   Si no te estás ...., te daré con este .... en la cabeza.

calló (del verbo *callar*)
cayó (del verbo *caer*)   Se .... al suelo, y .... todo el mundo al oír el ruido.

halla (verbo *hallar*, encontrar)
haya (del verbo *haber*, árbol)   Ese árbol es un .... Quien busca ....

hulla (carbón)
huya (del verbo *huir*)   La .... es un carbón mineral. Que nadie .... si no es cobarde.

pollo (cría de ave)
poyo (banco de piedra)   Mira ese .... qué bien toma el sol sobre el .... de la casa.

rallar (desmenuzar, raspar)
rayar (hacer rayas)   El pan no se ...., se ....; el coche se ...., pero no se ....

valla (cerca; cartelera)
vaya (del verbo *ir*)   .... a esa esquina y vea el anuncio que han puesto en la .... ¡Qué vergüenza!

Palabras del vocabulario usual con *LL* o *Y* que no siguen las reglas

201 Localiza en esta sopa de letras doce palabras que se escriben con **ll**.

....

....

....

....

C	R	P	D	M	L	P	U	Y	A	B	A	R
O	O	S	A	D	U	L	F	V	G	R	C	C
G	Y	A	L	L	E	R	T	S	E	B	O	E
H	O	U	V	R	L	I	A	L	S	T	V	B
F	Y	C	R	E	M	A	L	L	E	R	A	O
O	N	H	J	A	L	I	S	L	L	L	Y	L
W	L	M	L	X	D	L	L	Z	L	A	U	L
I	Q	L	C	R	A	O	A	A	R	H	A
R	A	S	O	C	F	Q	O	N	V	Z	J	O
M	N	C	G	B	R	T	R	D	A	W	L	C

202 Forma verbos. Observa y haz tú lo mismo.

calle: *callejear*   detalle: ....   ensayo: ....

botella: ....   batalla: ....   desmayo: ....

pellizco: ....   estrella: ....   inyección: ....

203 Elige del recuadro una palabra de significado parecido.

cetáceo: ....   lucha: ....

alboroto: ....   pelo: ....

plano: ....   lloro: ....

gritar: ....   ganga: ....

pescuezo: ....   desenvolver: ....

delicadeza: ....   bofetada: ....

vanidad: ....   pisada: ....

pizca: ....   colmar: ....

llover	llanto
llenar	llano
allí	allá
ballena	botella
bullicio	cabello
chillar	cuello
chollo	galleta
desarrollar	orgullo
detalle	huella
pellizco	toalla
medalla	maquillar

204 Resuelve el crucigrama con palabras que se escriben con **y**.

VERTICAL:

1. Municipio; casa consistorial.

HORIZONTALES:

1. Parte central del huevo de un ave.
2. Algo mayor que de ordinario; muy grande.
3. Indica posesión para la tercera persona.
4. Acción de ensayar.
5. Indica posesión para la persona que escucha.
6. Quinto mes del año.
7. Desaliento; síncope.
8. Acción de inyectar.
9. Paño para limpiar el suelo.
10. El marido de una hija.
11. Plan para la ejecución de una obra.
12. Concavidad en la tierra.

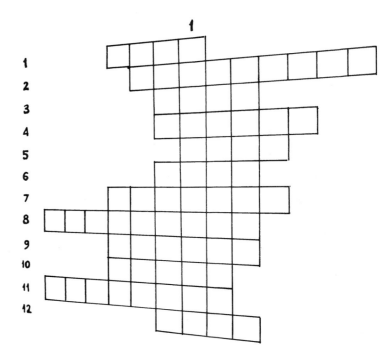

205 AVERIGUA LO QUE SABES. Completa con **ll** o **y**, según convenga.

• Con la   uvia se han humedecido las ga   etas y se han estropeado.

•   ena la bote   a de agua y métela en el frigorífico.

• Mi   erno se ca   ó en este ho   o a   er y estuvo desma   ado durante dos horas.

• ¡Va   a!, se me ha olvidado otra vez ponerme la in   ección.

• Esta ración de po   o es tu   a, ¿no la quieres?

• Ese anciano casi no ve y me ha ra   ado el coche con su ca   ado.

• Este arquitecto está orgu   oso de su pro   ecto, porque se lo han premiado y le han dado un buen pe   izco de mi   ones.

• A   í, junto al acantilado, se ven a veces ba   enas.

Lee con atención y completa las palabras mutiladas escribiendo *r o rr, m o n*.

Arrimarse a un lado

E a una vez un pueblo que tenía va ias calles tan estrechas que no podían pasar las bestias con los se ones, sino oza do por las pa edes. El alcalde, vie do que daban quejas porque atropellaban a algunas personas, dio orden de que todos los que pasa an con bestias dije an «a imarse a un lado» va ias veces.

Una tarde pasaba uno con dos bestias y había dos muje es habla do de las cosas de los ma idos: que mi ma ido es malo; que mi ma ido no trabaja; y la otra: que si es un bo acho; y el ho bre da do voces dicie do: «¡a imarse a un lado!» y ellas e que e e, y el ho bre le pegó un palo a cada bestia, vie do que no hacían caso, y atropelló a las muje es. Ellas e peza on a decir: «¡Píca o, que voy a dar parte al alcalde de que nos ha lastimado usted y ha oto los ma tos!» Aho a bien, él, a tes que ellas fue an a quejarse, dejó las bestias en su casa y fue a casa del alcalde y le co tó lo que había pasado con las dos muje es; el alcalde le dijo a él:

—Cua do se cite a usted, au que yo le diga los mayo es i sultos, usted callado, porque quie o hacer creer que es sordomudo.

Él se fue a su casa y las muje es vinie on a quejarse; se ma dó al alguacil a llamar al ho bre de seguida, y cua do estuvie on todos los tres eunidos, pregu tó el alcalde a ellas lo que pedían co tra ese ho bre; ellas dije on que las había atropellado en la calle y les había estropeado la ca a y oto los ma tos; e to ces el alcalde se volvió al ho bre y le dijo que si no estaba e te ado de la orden que él había dado, a lo que el otro no co testó nada; el alcalde hizo el papel de que se i como daba, dicié dole que si estaba hacie do burla de él, que de él nadie la había hecho, que i ía a la cárcel; por más cosas que le decía, no co testaba nada; e to ces el alcalde volvió la ca a a las muje es y les dijo que qué justicia ha ía a un ho bre mudo y sordo, pues no le co testaba, señal de que no oía; las muje es, i pacie tes, llenas de soberbia, vie do que no podían salirse con que les paga a el daño, dije on:

—Señor alcalde, ¿qué es mudo y sordo? Lo que está hacie do es burla de usted, pues basta tes gritos daba dicie do: «¡a imarse a un lado!»; hacie do burla de usted está el muy tuna te.

E to ces el alcalde les dijo:

—Aho a se van ustedes a su casa a cu arse la ca a y co ponerse el ma to por haberme venido con me ti as y e bustes, porque el ho bre ha cu plido con la orden que te go dada.

Ya está mi cue to acabao con pe ejil y ábanos asaos.

ANTONIO RODRÍGUEZ ALMODÓVAR: *Cuentos al amor de la lumbre.* Ed. Anaya.

Comprueba tus aciertos y escribe correctamente las palabras equivocadas.

Observa las palabras que debes escribir correctamente. No se repiten las palabras.

- Se escriben con *r o rr*: Era, varias, serones, rozando, paredes, pasaran, dijeran, arrimarse, mujeres, maridos, borracho, erre, empezaron, Pícaro, roto, Ahora, fueran, mayores, quiero, vinieron, estuvieron, reunidos, dijeron, cara, iría, haría, pagara, curarse, mentiras, perejil, rábanos.
- Se escriben con *m o n*: rozando, viendo, hablando, hombre, dando, diciendo, viendo, empezaron, antes, contó, Cuando, aunque, insultos, mandó, preguntó, contra, mantos, entonces, enterado, contestó, incomodaba, diciéndole, haciendo, contestaba, impacientes, bastantes, tunante, componerse, manto, mentiras, embustes, cumplido, tengo, cuento.

Tapa con una cuartilla los textos originales y realiza estos ejercicios.

Completa con _ll_ o _y_, según convenga.

Las hadas de la tierra

A las hadas de la tierra las están persiguiendo asustando en toda la ___anura. Por eso han tenido que refugiarse en los eriales ___ en la hondonada frondosa del Campo Forestal.

Cuando el señor Odón ___egó a estos campos, desde Segovia, vio bosques ___ bosques ___enos de hadas, de corzos, de osos, de pájaros, de arro___os. Vio también el casti___o, abandonado de moros ___ cristianos, ___amó a sus hijos:

—Venid, haremos aquí nuestras casas.

Vinieron los hijos del señor Odón, que eran muchos, ___ constru___eron con adobes sus casas, entre el casti___o ___ el arro___o de La Madre. ___ estaba el campo sonoro de álamos, de encinas, de pinares, de hadas, de pájaros ___ fuentes.

Pero un día dijo el ma___or de los hijos de Odón:

—Padre, ___o quiero pan.

___ su padre, suspirando, le contestó:

—___a me lo temía. Haz como quieras.

El hijo cogió un hacha ___ derribó un bosque-ci___o de álamos, arrancó con furia las raíces ___ rajó aquel trozo de tierra con su arado, para sembrar trigo ___ tener pan.

Los pájaros hu___eron, asustados, a otros árboles. Hu___eron también los corzos ___ las hadas, aque___a tierra se quedó desencantada.

___ los hijos de Odón comían pan.

Un día, el hijo segundo se presentó a su padre ___ le dijo, gruñendo:

—Quiero garbanzos.

—¿Garbanzos? —preguntó el señor Odón, ha-ciéndose el tonto.

—¡Sí, garbanzos, garbanzos! —repetía su hijo, como si se estuviera muriendo de hambre,

aunque todos los días cazaba jabalíes ___ liebres ___ se los comía con espárragos trigueros ___ con setas, hasta no poder más—. ¡Garbanzos!

—Bueno, hijo, bueno... Anda, siembra garban-zos.

___ el segundo hijo derribó un pinar oloroso, quemó la pinocha, ahu___entó a las palomas ___ amenazó a las hadas. Las palomas ___ las hadas se escondieron en otros bosques, ___ aquel hombre cogió un costal de garbanzos, ___, como era el 13 de marzo, dijo a su padre, que le miraba con tris-teza:

—«La semana de San José, garbancera es.»

___ se puso a sembrar los garbanzos, dejándolos caer poquito a poco en los surcos, como si pasara las cuentas de un rosario.

Desde entonces los hijos de Odón comieron cocido; pero las hadas estaban disgustadas.

___ el tercer hijo de Odón dijo en seguida:

—___o quiero vino.

Su padre no le contestó; ___a estaba viejo ___ se fue a, los bosques, con las hadas.

Su hijo taló un encinar antiguo ___ plantó viñas. Cuando cogió los racimos ___ sacó el vino, se em-borrachó ___ empezó a hacer tonterías por las ca___es.

Entonces vino el Re___, se subió a la torre cua-drada del casti___o ___ dijo, señalando a la aldea de Odón:

—Te ___amarás Vi___aviciosa.

—¡Eh, que nosotros no hemos hecho nada! —protestaron los hijos de Odón. Pero el Re___ ___a se había bajado de la torre ___ volvía a la Cor-te, en una carroza de ocho caba___os.

MARÍA LUISA GEFAELL: _Las hadas de Villaviciosa de Odón._ Ed. Alfaguara.

Comprueba tus aciertos y escribe correctamente las palabras equivocadas.

....

Observa las palabras que debes escribir correctamente. No se repiten las palabras.

y	llanura	llegó	llenos	arroyos	castillo
llamó	construyeron	arroyo	mayor	yo	ya
bosquecillo	huyeron	aquella	ahuyentó	calles	Rey
llamarás	Villaviciosa	caballos			

Uso de la *B*

206 Las grafías **b** y **v** se pronuncian igual. Lee con atención y subraya las palabras que tienen **b** o **v**:

La primavera besaba
suavemente la arboleda,
y el verde nuevo brotaba
como una verde humareda.
Las nubes iban pasando
sobre el campo juvenil...
Yo vi en las hojas temblando
las frescas lluvias de abril.

ANTONIO MACHADO.

207 Copia y practica caligrafía:

B, b, V, v, B, b, V, v

B, b, V, v, B, b, V, v

● Ahora copia, con buena letra, las palabras del poema que tienen **b** o **v**.

sobre, ...

primavera, ...

208 Lee con atención las siguientes adivinanzas. Resuélvelas siguiendo la pista siguiente: se refieren a alguno de los dibujos, y son palabras que contienen **b** o **v**.

 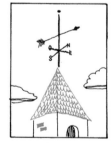   

¿Qué cosa es,
que silba sin boca,
corre sin pies,
te pega en la cara
y tú no lo ves?

....

Es pequeña como un ratón
y guarda la casa como un león.

....

En una cumbre me ponen
para que el aire me dé,
sirvo de guía a los hombres
y me sostengo de pie.

....

209 Observa los dibujos y escribe las palabras que representan. En el recuadro aparecen con las sílabas desordenadas.

....

....

....

....

DO-TI-VES
LÍN-VIO
YA-BO
VE-NIE
CLE-CI-BI-TA
VO-CIER
NA-VEN-TA
VO-CLA
LAN-VO-TE
ZO-BRA
TA-BA-COR
BE-BOM-RO
LA-VE
VIÓN-A
GÁN-TO-BO
CO-BAN

210 AVERIGUA LO QUE SABES. Lee con atención y completa con **b** o **v**, según convenga.

- Los ár   oles, en prima   era, se   isten de   i   os colores.
- Esas nu   es traerán llu   ias al   alle y nie   e a las montañas.
- El jo   en   om   ero de este pue   lo se   iste los domingos con cor   ata y chaqueta.
- La   icicleta no tiene   olante, sino manillar.
- El a   ión cruza   a las nu   es haciendo un ruido ensordecedor.
- En esta   entana tienes que cla   ar unos cla   os para sujetar el marco.
- En Canarias es costum   re saludarse con un   eso; en la Península, con dos.
- Se ha roto el   estido al   ajar por el to   ogán.

211 Lee atentamente las siguientes palabras y fíjate en los sonidos escritos en letra negrita.

a **bra** zar	po **bla** ción	o **bs** ervar
bre ve	asam **ble** a	o **bs** táculo
a **bri** go	o **bli** gación	a **bs** orber
bro tar	**blo** que	a **bd** omen
bru ja	**blu** sa	su **bt** erráneo

aprende: **Se escribe con _b_ toda palabra en que el sonido _b_ preceda a otra consonante.**

212 Construye palabras uniendo componentes de los recuadros:

pala- ce- álge- he- vérte-	**bra**	-zo -mar -nquia -sa -vo

palabra, brazo

....

....

fie- ham- fiam- legum-	**bre**	-cha -baje -va -ve

fiebre, brecha

....

....

maca- cánta- cere- miem- escom-	**bro**	-nca -cha -che -ma -nce

macabro, bronca

....

....

213 Escribe cinco palabras que terminen en las sílabas siguientes:

bla	*habla*	....
ble	*doble*	....
blo	*vocablo*	....

214 Escribe frases en las que emplees los verbos siguientes.

- subrayar: *Debes aprender a subrayar un texto antes de resumirlo.*
- subscribir ....
- subsistir ....
- subtitular ....

215 Completa el siguiente crucigrama plano.

1. Vientre, barriga.
2. Sacrificado; que renuncia volunta-
   riamente a sus deseos.
3. Parte abovedada de una iglesia donde está el altar.
4. Perdón.
5. Sistema de gobierno en el que los dirigentes no tienen limitados sus po-
   deres.
6. Pensativo, ensimismado.
7. Que no toma bebidas alcohólicas.
8. Lo contrario de concreto.
9. Disparatado, irracional.
10. Ruin, mezquino.

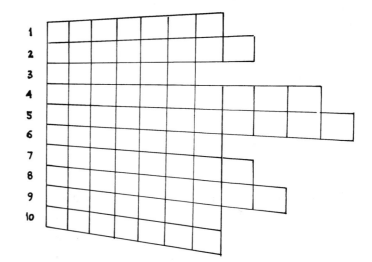

216 Completa las frases siguientes con las palabras del recuadro.

- Si hicieras ejercicios ...., no estarías tan gordo.
- No molestes a Pablo; está .... en sus cosas.
- La .... en estas elecciones ha sido muy alta.
- Discutir este tema es ...., ya que todos pensamos igual.
- Lo siento, yo no bebo; soy ....
- Yo no entiendo eso, para mí es muy ....

| absurdo, abstención, abdominales, abstemio, absorto, abstracto |

217 AVERIGUA LO QUE SABES. Completa con **b** o **v**, según convenga.

- O_ser_a qué_ien a_sor_e el agua esa esponja.
- Si tienes ham_re, hay algo de fiam_re en la ne_era.
- Aquel_enera_le anciano leía todos los días el periódico sentado en el_anco de la plaza.
- Se ha construido un túnel su_terráneo para e_itar los o_stáculos del terreno en la cons-
  trucción de la carretera.
- Lo que has hecho es una_roma maca_ra; con ello demuestras que tienes poco cere_ro.
- Se ha caído, y le han tenido que enta_lillar un_razo.
- De_emos llegar a un acuerdo para su_sanar este pro_lema lo antes posi_le.
- Yo soy a_stemio; no_e_o_e_idas alcohólicas ni las he_e_ido nunca.
- El arte a_stracto no me gusta, y además lo encuentro a_surdo.

95

218 Lee con atención.

su **bir**
reci **bir**
escri **bir**
prohi **bir**
perci **bir**
exhi **bir**
sucum **bir**
conce **bir**

SUBiR   RECiBiR   ESCRiBiR   PROHiBiR

aprende: Se escriben con *b* los verbos acabados en *-bir*, excepto *hervir*, *servir* y *vivir* con sus derivados y compuestos.

219 Observa:

| Escribir | *describir, transcribir, inscribir, prescribir* |
| Vivir | *malvivir, convivir, sobrevivir, revivir* |

Explica qué ocurre.

....

220 Escribe, en columnas, palabras de la misma familia léxica.

Recibir	Subir	Hervir	Servir
recibidor	....	*hervor*	....
....	....	....	....
....	....	....	....
....	....	....	....

221 Escribe frases con los siguientes pares de palabras.

subir-subida: **Ha subido** *el precio de la gasolina y es la segunda* **subida** *en esta semana.*
prohibir-prohibición: ....
exhibir-exhibición: ....
inhibir-inhibición: ....
servir-servidor: ....
convivir-vivienda: ....
recibir-recibidor: ....

222 Completa la conjugación del pretérito imperfecto de indicativo.

	Jugar.	Estar	Lavar	Ir
yo	jugaba	....	....	....
tú	....	estabas	....	....
él/ella	....	....	....	
nos.	....	....	....	íbamos
vos.	....	....	lavabais	....
ellos	....	....	....	

aprende: **Se escriben con *b* las terminaciones *-ba, -bas, -ba, -bamos, -bais* y *-ban* del pretérito imperfecto de indicativo de la primera conjugación y del verbo *ir*.**

223 Completa el siguiente crucigrama con la conjugación del pretérito imperfecto de indicativo.

VERTICAL:
1. Primera persona de plural del verbo *cavar*.

HORIZONTALES:
1. Primer persona de singular del verbo *equivocar*.
2. Segunda persona de singular del verbo *agravar*.
3. Tercera persona de singular del verbo *llevar*.
4. Tercera persona de singular del verbo *nevar*.
5. Primera persona de plural del verbo *lavar*.
6. Segunda persona de plural del verbo *vigilar*.
7. Primera persona de plural del verbo *ir*.
8. Tercera persona de plural del verbo *volar*.
9. Tercera persona de singular del verbo *secar*.

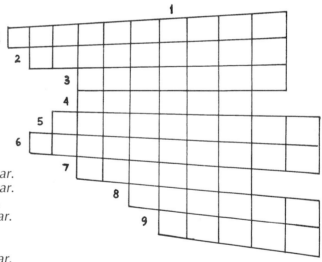

224 AVERIGUA LO QUE SABES. Escribe **b** o **v**, según corresponda.

- Las a_es, de_ido al fuerte_iento,_ola_an con dificultad.
- El_igilante_igila_a el aparcamiento, no o_stante los ladrones ro_a_an dentro de los automó_iles.
- En_erano í_amos por la tarde al río y nos_añamos en sus aguas.
- Es una equi_ocación pensar que la con_i_encia se consigue sin esfuerzo.
- En tiempos de mi a_uelo, i_an en_urros a_ender a la ciudad.
- El agua de esta fuente no es pota_le, hay que her_irla antes de_e_erla.
- En tiempos de mi a_uela la gente la_a_a en el río y seca_a la ropa al sol.

97

225 Lee con atención las siguientes palabras y fíjate en los sonidos escritos en letra negrita.

biblioteca   **bu**zo   **bur**buja   **bus**ca
bibliografía   **bu**che   **bur**galés   **bús**queda
Biblia   **bu**fanda   **bur**lar   **bus**cavidas

aprende: **Se escriben con *b* las palabras que empiezan por *bibl-*, *bu-*, *bur-* y *bus-*.**

226 Elige del recuadro la palabra que corresponda a la definición.

- Desván; parte superior de una casa.   ....
- Caja o lugar donde se echan las cartas
  del correo.   ....
- Pompa; globo de aire que se forma
  en el interior de los líquidos.   ....
- Papo; lugar donde las aves almacenan
  el alimento.   ....
- Prenda para abrigar el cuello y, a veces,
  la boca.   ....
- Mueble que sirve de escritorio.   ....
- Tosco, grueso, basto.   ....
- Arbusto trepador de flores muy vistosas.   ....
- Griterío o ruido de personas.   ....
- Paseo público con andén central.   ....
- Persona diligente en buscarse
  la subsistencia.   ....

bulla
bulevar
buró
buganvilla
burdo
bufanda
búho
buzón
buhardilla
burbuja
buche
buscavidas
burlete
bufete

227 Escribe frases con los siguientes pares de palabras.

burlar-burladero: *El torero **burló** al toro y se metió en el **burladero.***
buzo-bucear: ....
buscapleitos-buscar: ....
buhardilla-buganvilla: ....
bufón-bulla: ....
Biblia-biblioteca: ....

98

228 Fíjate y haz tú lo mismo.

visible: *visibilidad*   hábil: ....   estable: ....

débil: ....   sensible: ....   flexible: ....

móvil: ....   civil: ....

229 Haz lo mismo que en el ejercicio anterior.

nausea ⟍
medita ⟍ **bundo** ⟋ *nauseabundo*
mori ⟋ ....
vaga ....
....

aprende: Se escriben con *b* las palabras terminadas en *-bilidad, -bundo* y *-bunda*, a excepción de *civilidad* y *movilidad.*

230 Escribe frases con las siguientes palabras.

nauseabunda: *Esta comida está nauseabunda.*

flexibilidad: ....

estabilidad: ....

vagabundo: ....

movilidad: ....

231 AVERIGUA LO QUE SABES. Completa con **b** o **v**, según corresponda.

- Ro___erto es un ___uen a___ogado, no es un ___uscapleitos.
- Este ___uró te quedará muy ___ien en el salón de la ___uhardilla.
- La sensi___ilidad de la po___lación ante la po___reza ha o___ligado al ayuntamiento a ha___ili-tar un al___ergue para recoger a los ___aga___undos de la ciudad.
- Por esta ___entana entra mucho frío; tienes que poner un ___urlete.
- La ha___ilidad del conductor e___itó que el coche derrapara en la nie___e.
- Esta___an la___ando el coche en medio del campo, y los denunció la guardia ci___il.
- De___ido a un accidente de moto, ha perdido la mo___ilidad del ___razo izquierdo.

Palabras del vocabulario usual que llevan *B* y no siguen las reglas

232 Elige del recuadro una palabra de significado parecido.

danzar: *bailar*

absorber: ....

hundir: ....

terminar: ....

canjear: ....

luchar: ....

confirmar: ....

loar: ....

descender: ....

conocer: ....

hastiar: ....

quitar: ....

cooperar: ....

mezclar: ....

acatar: ....

hurtar: ....

bailar	bajar
saber	robar
sorber	aburrir
comprobar	abollar
acabar	combinar
combatir	arrebatar
cambiar	colaborar
obedecer	alabar

233 Observa y completa las series.

barrer: *barro, barría, barrí, barreré*

resbalar: ....

habitar: ....

abusar: ....

234 Elige del recuadro una palabra de significado contrapuesto.

arriba: *abajo*

inhábil: ....

feo: ....

alto: ....

valiente: ....

esclavo: ....

claro: ....

caro: ....

fuerte: ....

necio: ....

extenso: ....

listo: ....

bobo, barato, bajo, bonito, turbio, breve, sabio, débil, libre, hábil, abajo, cobarde

235 Escribe familias léxicas.

abogado: *abogacía, abogaducho.*

carbón: ....

bolso: ....

globo: ....

bobo: ....

labio: ....

bandeja: ....

bomba: ....

barco: ....

boca: ....

Homófonas con *B* y *V*

236 Las siguientes palabras se pronuncian igual, pero tienen distinto significado y distinta ortografía. Completa las frases siguientes.

baca (artilugio para colocar equipajes)

vaca (animal)   *He visto ovejas en la **baca** de un coche, pero nunca una **vaca.***

basta (sin delicadeza)

vasta (extensa)   Ha heredado una .... finca, pero es una persona muy ....

bello (hermoso)

vello (pelo corto y suave) Es un chico muy ...., aunque tiene mucho .... por todo el cuerpo.

bienes (riquezas)

vienes (del verbo *venir*) ¿...................... a vivir a esta ciudad y traes todos tus ....?

botar (del verbo *botar*)

votar (participar en elecciones) No .... aquí el balón, en este lugar se ....

cabo (del ejército y geográfico)

cavo (del verbo *cavar*) En mi casa del .... de Gata .... una zanja para regar las plantas.

sabia (que sabe mucho)

savia (jugo de las plantas) No te creas tan ....; este árbol se ha secado por falta de ....

tubo (objeto cilíndrico)

tuvo (del verbo *tener*) Mi compañero .... la semana pasada un .... de plástico con el que tiraba pelotillas en clase.

237 Averigua lo que sabes. Completa con **b** o **v**, según corresponda.

- Ya he ....arrido mi ha....itación y he cam....iado las sá....anas de la cama.
- Su....e las maletas a la ....aca y sujétalas ....ien; la carretera no es ....uena y tiene muchos ....aches.
- Sor....e despacio la sopa; está casi hir....iendo y te ....as a quemar.
- Esta a....olladura del coche me la hizo un auto....ús.
- Begoña tiene un la....io roto porque res....aló y se golpeó con la ....andeja del desayuno.
- No infles los glo....os con la ....oca; emplea la ....om....a de la ....icicleta.
- ¡Arri....a los ....alientes, a....ajo los co....ardes!
- Ya tengo diecinue....e años y ....otaré en las próximas elecciones.
- En esta ....asta extensión de terreno ....an a construir el parque de atracciones.
- De....emos cam....iar el dinero en el ....anco, antes de salir de ....iaje.
- Sa....e ....ailar como un danzarín.

Tapa con una cuartilla los textos originales y realiza estos ejercicios.

Lee con atención los siguientes refranes y completa con *b* o *v*, según convenga.

- Cuando la   ar   a de tu   ecino   eas pelar, echa la tuya a remojar.
- ¿Qué haces   o   o? -   o   eo: escri   o lo que me de   en y   orro lo que de   o.
- En la   oca del discreto, lo pú   lico es secreto.
- Quien   ien   aila, de   oda en   oda se anda.
- A   orracho fino, ni el agua   asta ni el   ino.
- Las   urlas se   uel   en   eras.
- A ca   allero nue   o, ca   allo   iejo.
- No hay cosa escondida que al ca   o del tiempo no sea   ien sa   ida.
- Cada ca   ello hace som   ra en el suelo.
- Más a   landa dinero que pala   ra de ca   allero.
- Mucha mala   estia   ende   uen   endedor.
- En la   oda, quien menos come es la no   ia.
- Quien regala   ien   ende, si el que reci   e lo entiende.
- Ruin ha   ilidad, meter mentira para sacar   erdad.

Comprueba tus aciertos y escribe correctamente las palabras equivocadas.

....

....

- Cuando la barba de tu vecino veas pelar, echa la tuya a remojar.
- ¿Qué haces bobo? —Bobeo: escribo lo que me deben y borro lo que debo.
- En la boca del discreto, lo público es secreto.
- Quien bien baila, de boda en boda se anda.
- A borracho fino, ni el agua basta ni el vino.
- Las burlas se vuelven veras.
- A caballero nuevo, caballo viejo.
- No hay cosa escondida que al cabo del tiempo no sea bien sabida.
- Cada cabello hace sombra en el suelo.
- Más ablanda dinero que palabra de caballero.
- Mucha mala bestia vende buen vendedor.
- En la boda, quien menos come es la novia.
- Quien regala bien vende, si el que recibe lo entiende.
- Ruin habilidad, meter mentira para sacar verdad.

Lee con atención y completa las palabras mutiladas escribiendo *b* o *v*.

El barco en la botella

Ha_ía una _ez un _arco que _i_ía dentro de una _otella. Aquel _arco era feliz, porque creía que, en aquella _otella, esta_a encerrado todo el mundo.

Hicieron el _arco con maderas duras y olorosas y lo pintaron de colores alegres y _rillantes. Con los palos y las _elas plegados, como un paraguas, lo metieron en la _otella. Tiraron de los hilos y todas las _elas se izaron airosas. El _arco se encontró en medio de un paisaje mara_illoso. A_ajo, las olas encrespadas de un mar de papel. A un lado, toda una hilera de casas. Escalonadas. Paredes _lancas y tejados rojos. _lusas marineras de color azul, comido por el salitre. Redes tendidas a secar a la puerta de las casas, en la acera mínima, en el muelle. Un muelle de piedras iguales, redondeadas por los _ordes, con un le_e toque de _erdín. Y el _arco en el centro, protagonista de la escena. El _arco tenía razón para pensar que todo el mundo esta_a encerrado en aquella _otella.

El _arco era hermoso y una hermosa escena esta_a representada en el interior de la _otella. Por eso, el dueño del _arco en la _otella se encariñó con él. Y terminó por hacerse coleccionista de _arcos en _otella. Recorrió tiendas y almacenes, mercados y mercadillos. Y compró todos los _arcos que pudo encontrar. Y, cuando todos estu_ieron colocados en una repisa, nuestro _arco se dio cuenta de que no todo el mundo se reducía al interior de su _otella. Ha_ía otros mundos, muchos, encerrados en otras muchas _otellas. Y esto le llenó de preocupación.

Más tarde, descu_rió que todo aquel mundo era artificial: olas de papel, casas de corcho, nu_es de algodón... Y se lo dijo a los otros _arcos. Y todos comprendieron que no sir_en para nada los mundos encerrados en _otellas.

Por eso, aquel día, los _arcos empujaron con la proa, con la popa, con los mástiles afilados, hasta que los cristales de todas las _otellas saltaron por los aires. Y todos iniciaron su lento camino por los desagües, por las alcantarillas, por los ríos, hasta llegar al mar. Hasta llegar al puerto que todos los constructores ha_ían copiado en las _otellas. Y los _arcos se llenaron de alegría; porque todo, allí, era _erdad. Las casas eran de _erdad, y el agua era _erdad, y las redes ha_ían pescado peces, y las camisas marineras esta_an llenas de salitre: salitre del mar y salitre del tra_ajo. Allí sa_ían qué era cada cosa y qué era cada uno. Y sa_ían que todos forma_an un solo mundo. Y, a partir de aquel momento, en que sa_ían qué era cada uno y para qué ser_ía cada cosa, pudieron comenzar una nue_a _ida, sincera y li_re.

FERNANDO ALONSO: *El hombre vestido de gris y otros cuentos.* Ed. Alfaguara.

Comprueba tus aciertos y escribe correctamente las palabras equivocadas.

....

Observa las palabras que debes escribir correctamente. No se repiten las palabras.

Había	vez	barco	vivía	botella
estaba	brillantes	velas	maravilloso	Abajo
blancas	Blusas	bordes	leve	verdín
estuvieron	descubrió	nubes	sirven	habían
verdad	estaban	trabajo	sabían	formaban
servía	nueva	vida	libre	

Uso de V

238 Lee con atención y subraya las palabras que llevan la letra *v*.

> Sobre el olivar
> se vio a la lechuza
> volar y volar.
> A Santa María
> un ramito verde
> volando traía
> ¡Campo de Baeza,
> soñaré contigo
> cuando no te vea!
>
> **ANTONIO MACHADO.**

239 Agrupa las palabras del recuadro que se relacionen.

Olivar	Ver	Volar	Verde
....	....	....	....
....	....	....	....
....	....	....	....
....	....	....	....

olivo, vidente, olivarero, verdura, voladura, olivas, verdulera, videojuego, reverdecer, prever, vuelo, verdinegro, visionario

240 Lee con atención y observa las letras en negrita.

advertir   **ad**versario   **ad**verbio

aprende: **Se escribe *v* después de la sílaba *ad-*.**

241 Coloca las palabras del recuadro en la columna correspondiente:

advertir	adverso	adverbio
....	....	....
....	....	....
....	....	....

adverbial, adversidad, advertencia, adversario, adverbializar, advertido

242 Escribe sinónimos, es decir, palabras de significado parecido, que empiecen por *ad-*.

avisado *advertido*   desgracia ....

rival .... indicación ....

prevenimos .... desfavorable ....

243 Completa la conjugación de los tiempos siguientes del modo indicativo.

	Presente	Pretérito imperfecto	Pret. perfecto simple	Futuro
yo	*advierto*	....	....	....
tú	....	*advertías*	....	....
él/ella	....	....	*advirtió*	....
nos.	....	*advertíamos*	....	....
vos.	....	....	*advertisteis*	....
ellos	....	....	....	*advertirán*

244 AVERIGUA LO QUE SABES. Completa con **b** o **v**, según convenga.

- En Ú eda y   aeza, po   laciones de la pro   incia de Jaén, el oli   ar es la principal fuente de riqueza.
- Se ha trastornado de tanto   er la tele   isión y jugar a los   ideojuegos.
- Esta semana he comido   erdura el lunes, jue   es y   iernes.
- Te ad   ierto que la ad   ersidad puede ocurrir en cualquier momento.
- El ad   er   io es una clase in   aria   le de pala   ras.
- Piensa que es una   idente y que puede adi   inar el futuro.
- Es una   ella   isión   er   olar las a   es sobre el   erde oli   ar andaluz.

105

245 Lee las siguientes palabras y escribe su correspondiente femenino.

octavo: *octava*   atractivo: ....   longevo: *longeva*

bravo: ....   fugitivo: ....   nuevo: ....

esclavo: ....   nutritivo: ....

aprende: **Se escriben con *v* los adjetivos terminados en *-avo, -ava, -ivo, -iva, -evo, -eva.***

246 Forma adjetivos terminados en *-ivo, -iva*.

información: *informativo, informativa*   comparación: ....

venganza: ....   instrucción: ....

nutrición: ....   producción: ....

dirección: ....   intuición: ....

decisión: ....   compasión: ....

247 Completa las frases siguientes.

(atraer)   *Un chico* **atractivo**, *una chica* **atractiva.**

(vengar)   Un señor ...., una señora ....

(adoptar)   Un hijo ...., una hija ....

(divertir)   Un espectáculo ...., una película ....

(despreciar)   Un gesto ...., una mirada ....

(crear)   Un trabajo ...., una actividad ....

(nutrir)   Un alimento ...., una verdura ....

248 Escribe familias de palabras con palabras del recuadro.

octavo: *octavilla, decimoctavo*   bravo: ....

esclavo: ....   longevo: ....

nuevo: ....   cóncavo: ....

esclavizar, braveza, longevidad, concavidad, esclavitud, novedad, embravecer, novedoso

249 Las siguientes palabras se escriben con *b*. Léelas atentamente.

baba	rabo	giba	recibo	manceba	cebo
haba	nabo	arriba	estribo	ameba	mancebo
sílaba	lavabo	criba	derribo	prueba	sebo

Ahora consulta en un diccionario su significado y averigua qué clase de palabras o partes del discurso son y explica por qué no siguen la regla anterior. Ej. **baba** *es nombre*.

....

....

250 Las siguientes palabras son sinónimas de las del ejercicio anterior. Observa y completa.

saliva: *baba*

cola: ....

tamiz: ....

apoyo: ....

demostración: ....

encima: ....

baño: ....

joroba: ....

comprobante: ....

demolición: ....

concubina: ....

grasa: ....

251 AVERIGUA LO QUE SABES. Escribe **b** o **v**, según convenga.

• Las ha___as y los na___os son alimentos muy nutriti___os.

• En el lenguaje se producen actitudes machistas; así mance___a significa concu___ina o prostituta; sin em___argo, mance___o simplemente es un hom___re jo___en o mozo.

• Los ser___icios de los lugares pú___licos se llaman tam___ién la___a___os; en la casa, sin em___argo, se ha___la de la___a___o y___año.

• I___a por la calle un señor disfrazado de ára___e montado en un camello de una gi___a.

• El argumento de la película cuenta la___ida de un anciano longe___o que ha___ía sido escla___o en su ju___entud, fugiti___o de la justicia y posteriormente ha___ía conseguido reunir una gran fortuna.

• Ja___ier es un chico muy compasi___o, y su inter___ención ha sido decisi___a para que no se castigara al culpa___le del ro___o.

• En el piso de arri___a___i___e una chica muy atracti___a que tra___aja en una serie de tele___isión.

• El espectáculo de este circo es di___ertido y no___edoso, pues hay muchas atracciones que no ha___ía___isto nunca.

252 Completa la conjugación de los verbos siguientes y observa cómo se escriben.

		Pretérito perf. simple	Pretérito imperfecto de subjuntivo	Pretérito imperfecto de indicativo
Estar	yo	estuve	estuviera o estuviese	estaba
	tú	....	....	....
	él/ella	estuvo	....	....
	nos.	....	estuviéramos o estuviésemos	....
	vos.	....	....	estabais
	ellos	....	....	....
Andar	yo	anduve	anduviera o anduviese	andaba
	tú	....	....	....
	él/ella	....	....	....
	nos.	....	....	andábamos
	vos.	....	anduvierais o anduvieseis	....
	ellos	anduvieron	....	....
Tener	yo	tuve	tuviera o tuviese	....
	tú	tuviste	....	....
	él/ella	tuvo	....	....

aprende: Se escriben con *v* las formas verbales de los verbos que no tienen en el infinitivo ni *b* ni *v*, a excepción del pretérito imperfecto de indicativo.

253 Los verbos siguientes siguen la regla anterior. Escribe la tercera persona de singular del pretérito perfecto simple y del pretérito imperfecto de subjuntivo.

desandar	desanduvieron	desanduvieran o desanduviesen
detener	....	....
entretener	....	....
obtener	....	....
sostener	....	....

254 Completa la conjugación del verbo *ir.*

Presente de indicativo	Presente de imperativo	Presente de subjuntivo	Pretérito imperf. de indicativo
voy		*vaya*	*iba*
....	*ve tú*	....	....
....		....	....
vamos		*vayamos*	*íbamos*
....	*id vosotros*	....	....
....		....	....

● Ahora explica qué reglas sigue el verbo *ir.*

....

255 Completa el siguiente crucigrama.

VERTICAL:

1. Segunda persona de singular del presente de indicativo del verbo *obtener.*

HORIZONTALES:

1. 1.ª persona de plural del presente de indicativo del verbo *ir.*
2. 1.ª persona de plural del pretérito imperfecto de indicativo del verbo *andar.*
3. 3.ª persona de singular del pretérito perfecto simple de *estar.*
4. 2.ª persona de singular del pretérito perfecto simple de *tener.*
5. 3.ª persona de singular del pretérito perfecto simple de *detener.*
6. 2.ª persona de plural del pretérito imperfecto de indicativo de *ir.*
7. 1.ª persona de singular del pretérito perfecto simple de *sostener.*
8. 3.ª persona de singular del pretérito perfecto simple de *contener.*
9. 3.ª persona de plural del pretérito perfecto simple de *andar.*

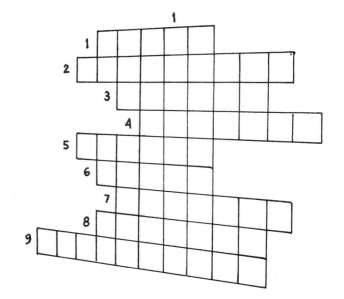

256 AVERIGUA LO QUE SABES. Completa con **b** o **v**, según convenga.

- Si andu..iéramos más deprisa, llegaríamos arri..a, a la cum..re de la montaña, antes de las nue..e de la mañana.

- Si ..amos al campo el sá..ado, es preferi..le que ..ayamos en tren; así nos e..itaríamos la cara..ana que se forma en la carretera.

- Antes í..amos con frecuencia a ..isitar museos; ahora ..amos poco.

- Estu..e el ..iernes en el parque y me entretu..e ..iendo los nue..os ár..oles que han plantado.

- De pequeño, cuando esta..a solo en casa, me da..an mucho miedo las tormentas.

- Mientras anda..ais por ahí de paseo, yo andu..e ..iendo las o..ras del nue..o parque.

Palabras del vocabulario usual con *V* que no siguen las reglas

257 Elige del recuadro una palabra que esté relacionada por el significado.

costar: *valer*

velar: ....

anticipar: ....

indagar: ....

cambiar: ....

charlar: ....

subir: ....

eludir: ....

airear: ....

tornar: ....

cruzar: ....

persuadir: ....

entretener: ....

partir: ....

errar: ....

convidar: ....

valer	conversar
vender	ventilar
vestir	vigilar
volver	agravar
aprovechar	atravesar
avanzar	averiguar
conservar	convencer
convertir	divertir
dividir	elevar
equivocar	evitar
investigar	invitar
levantar	llevar
llover	mover
nevar	reservar
resolver	reventar
revisar	servir

258 Observa y completa:

yo	vengo	veía	vigilaba	cavaba
tú	vienes	....	....	....
él/ella	....	veía	vigilaba	....
nos.	....	....	....	cavábamos
vos.	....	veíais	vigilabais	....
ellos	....	....	....	....

● Explica el uso de **v** y **b** en la conjugación de los verbos.

....

259 Recuerda que todas las palabras de la misma familia léxica tienen la misma ortografía. Observa y haz tú lo mismo.

valer: *valeroso, valentón*

ventilar: ....

vivir: ....

aprovechar: ....

averiguar: ....

venir: ....

vestir: ....

volver: ....

atreverse: ....

conservar ....

260 Escribe la palabra primitiva correspondiente.

división: *dividir* elevador: .... equivocación ....

investigación: .... invitación: .... lavadero: ....

levantamiento: .... movimiento: .... reservado: ....

reventón: .... salvamento: .... servidor: ....

261 Completa el siguiente crucigrama.

VERTICAL:

1. Celebración, conmemoración.

HORIZONTALES:

1. Pájaro.
2. Desquite, venganza.
3. Insecto de cuerpo amarillo con fajas negras, provisto de aguijón con que produce picaduras de gran dolor.
4. Portento, fenómeno, milagro.
5. Beneficio, utilidad.
6. Desperfecto, daño.
7. Ala de una gorra para resguardar la vista.
8. Columna, expedición.
9. Armario con puertas de cristal para tener objetos expuestos a la vista.
10. Perpendicular.
11. Acción de violentar o violentarse.

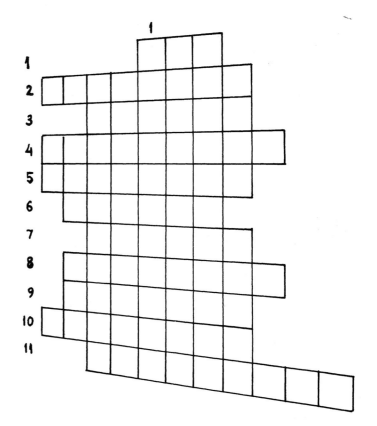

262 AVERIGUA LO QUE SABES. Completa con **b** o **v**, según convenga.

• Re   isa el aire de la   icicleta porque, si tiene demasiado, puede re   entar la rueda.

•   ayamos a   er la ca   algata a la plaza mayor y así e   itaremos esperar demasiado tiempo.

•   uél   ete de manera discreta y   erás cómo se entretiene el niño con el sonajero.

•   igila cuándo hier   e el agua de la cazuela para echar el arroz.

•   ístete deprisa, y   amos a jugar un partido de tenis.

• A   erigüemos dónde guarda tu hermana las fotos del   erano; a ella no le importa que las   eamos.

• Con   éncete de que la responsa   ilidad no de   es tomártela a   roma. A tu edad, tienes que ser responsa   le de tus actos.

• Si no   es, deja de leer; no hay luz porque ha ha   ido una a   ería en el   arrio, y tardarán   arias horas en arreglarla.

Tapa con una cuartilla los textos originales y realiza estos ejercicios.

Lee con atención los siguientes refranes y completa con *b* o *v*, según convenga.

- De Dios   iene el   ien, y de las a   ejas, la miel.
- Casa del padre,   iña de a   uelo y oli   ar de   isa   uelo.
- Cuando el dia   lo no tiene qué hacer, con el ra   o espanta las moscas.
- Si el ca   allo tu   iera   azo y la paloma hiel, todo el mundo se a   endría   ien.
- De casta le   iene al galgo, el ser ra   ilargo.
- Soña   a el ciego lo que   eía y soña   a lo que quería.
- Más   ale un día de discreto que toda la   ida de necio.
- El dia   lo sa   e más por   iejo que por dia   lo.
- A   uen entendedor,   re   e ha   lador.
-    ien se huelga el lo   o con la   oz de la o   eja.
- Quien quiera sa   er lo que   ale un potro, que   enda el suyo y compre otro.
- Si apro   echa,   ien; si no, tam   ién.
- Quien un mal há   ito adquiere, escla   o de él   i   e y muere.
- Quien tu   o, retu   o; no tema por no tener.

Comprueba tus aciertos y escribe correctamente las palabras equivocadas.

....

....

- De Dios viene el bien, y de las abejas, la miel.
- Casa del padre, viña de abuelo y olivar de bisabuelo.
- Cuando el diablo no tiene que hacer, con el rabo espanta las moscas.
- Si el caballo tuviera bazo y la paloma hiel, todo el mundo se avendría bien.
- De casta le viene al galgo, el ser rabilargo.
- Soñaba el ciego lo que veía y soñaba lo que quería.
- Más vale un día de discreto que toda la vida de necio.
- El diablo sabe más por viejo que por diablo.
- A buen entendedor, breve hablador.
- Bien se huelga el lobo con la voz de la oveja.
- Quien quiera saber lo que vale un potro, que venda el suyo y compre otro.
- Si aprovecha, bien; si no, también.
- Quien un mal hábito adquiere, esclavo de él vive y muere.
- Quien tuvo, retuvo; no tema por no tener.

EJERCICIOS DE RECAPITULACIÓN Y AUTOEVALUACIÓN

Lee con atención y completa con *b* o *v*.

EL GENERAL AFILADO

Un soldado que   enía de Cu   a pasó por una casa que esta   a al   orde del camino que seguía y se acercó a llamar a la puerta. Salió a a   rir un hom   re que ha   ía estado antes que él en Cu   a y, apro   echando la coincidencia, le pidió posada para esa noche.

En un descuido del otro, el soldado, que era medio ladronzuelo, echó mano a un jamón que le pareció apetitoso y lo escondió en las alforjas que lle   a   a consigo. Después de esto, cenaron y se pusieron a ha   lar de la guerra de Cu   a y a contarse el uno al otro toda clase de mentiras so   re los actos de   alor que lle   aron a ca   o por aquellas tierras. Y el soldado, que además era un   romista, le dijo al dueño de la casa:

—Pues, ahora que lo pienso, seguro que usted ha de acordarse de cuando el general Jamón entró en la ciudad de Alforjas.

Y dijo el otro:

—¿Pues sa   e usted que no me acuerdo? Será porque yo no esta   a presente cuando sucedió aquello.

—Pues, si no esta   a usted presente, lo más seguro es que era usted un recluta y ni se enteró del hecho.

Total, que terminaron su charla y se fueron a la cama. Y el dueño de la casa, que no se podía dormir, empezó a darle   ueltas a aquello que ha   ía dicho el soldado, pues por más   ueltas que le da   a a la memoria no lo-gra   a acordarse de tal general ni de tal ciudad. Pero, como siguió ca   ilando, aca   ó por darse cuenta de lo que le ha   ía querido decir aquel sin   ergüenza.

Conque se le   antó de la cama, fue a registrar las alforjas del soldado, sacó el jamón que tenía allí escondido y metió en su lugar una   uena piedra de afilar.

A la mañana siguiente, cuando se le   antaron, el dueño de la casa le dijo al soldado:

—Oye, tú, que ya me he acordado de lo que me conta   as anoche. Es   erdad que yo era un recluta, y   ien no   ato, cuando el general Jamón entró en Alforjas; pero, cuando yo ya era   eterano, salió el general Jamón y entró el general Afilado.

El soldado se echó las alforjas al hom   ro y se fue tan contento sintiendo el peso que lle   a   a dentro y relamiéndose de gusto pensando en el jamón. Y así que dio con una ta   erna, entró en ella y le dijo a la ta   ernera:

—¡A   er, tráeme pan,   ino y un cuchillo   ien grande!

Con las mismas, partió un   uen pedazo de pan, echó mano a las alforjas... y sacó la piedra. Entonces le dijo la ta   ernera:

—¿Qué? ¿Para qué quieres el cuchillo?

Y le contestó el soldado,   ien apesadum-rado:

—Pues... para afilarlo.

JOSÉ MARÍA GUELBENZU: *Cuentos populares españoles*. Ed. Siruela.

Comprueba tus aciertos y escribe correctamente las palabras equivocadas.

....

Observa las palabras que debes escribir correctamente. No se repiten las palabras.

venía	estaba	borde	abrir	hombre	había
aprovechando	llevaba	hablar	sobre	valor	llevaron
cabo	bromista	sabe	estaba	vueltas	daba
lograba	cavilando	acabó	sinvergüenza	levantó	buena
levantaron	contabas	verdad	novato	veterano	hombro
taberna	tabernera	ver	vino	bien	buen
apesadumbrado					

Uso de la *H*

263 La **h** no representa ningún sonido en castellano, por eso se dice que es una letra «muda». Únicamente se aspira, es decir, se pronuncia como una **j** suave en hablas de Andalucía, Extremadura, Canarias y países de Hispanoamérica.

● Lee con atención y subraya las palabras que llevan **h**.

Los encuentros de un caracol aventurero

Hay dulzura infantil
en la mañana quieta.
Los árboles extienden
sus brazos a la tierra.
Un vaho tembloroso
cubre las sementeras,
y las arañas tienden
sus caminos de seda
—rayas al cristal limpio
del aire—.
   En la alameda
un manantial recita

su canto entre las hierbas.
Y el caracol, pacífico
burgués de la vereda,
ignorado y humilde,
el paisaje contempla.
La divina quietud
de la Naturaleza
le dio valor y fe,
y olvidando las penas
de su hogar, deseó
ver el fin de la senda.

FEDERICO GARCÍA LORCA.

● Ahora copia, con letra clara, las palabras del poema que tienen la letra **h**.

....

264 **Refranes con *h*.** Completa los siguientes refranes con palabras del recuadro.

• Quien tiene .... con pan sueña.

• En casa de ...., cuchillo de palo.

• .... la ley, ... la trampa.

• .... el buey y dijo ¡muu!

• .... el milagro, y .... el diablo.

• El .... no hace al monje.

• La mejor .... es la conciencia sana.

• Más .... palabra mala que espada afilada.

• El .... y el oso, cuanto más feo, más ....

| almohada |
| hambre |
| herrero |
| hiere |
| hábito |
| hombre |
| hecha |
| habló |
| hágase |
| hermoso |
| hágalo |

265 Observa los siguientes dibujos y escribe los nombres de los objetos que representan. En el cuadro aparecen de manera desordenada.

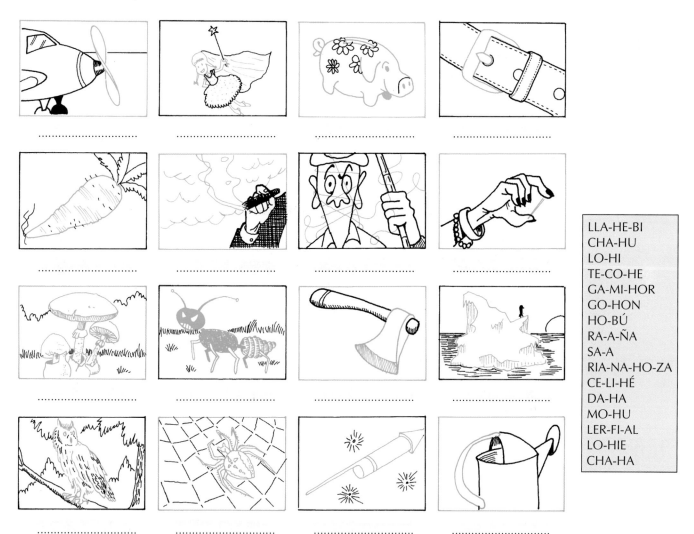

LLA-HE-BI
CHA-HU
LO-HI
TE-CO-HE
GA-MI-HOR
GO-HON
HO-BÚ
RA-A-ÑA
SA-A
RIA-NA-HO-ZA
CE-LI-HÉ
DA-HA
MO-HU
LER-FI-AL
LO-HIE
CHA-HA

266 AVERIGUA LO QUE SABES. Escribe la **h** cuando corresponda.

- El caracol ...aventurero sintió ...ambre y comenzó a comer las ...ojas de una zana...oria.
- Mi vecino es un ...ombrecillo ...umilde y una ...ormiguita, no deja nunca de trabajar.
- Eso que ves no es ...umo, a...í no ...ay ninguna ...oguera; es el va...o, el vapor de agua, que desprende la ...arboleda al salir el sol.
- El oficio de ...errero ...a desaparecido de muchos pueblos; a...ora las ...erramientas y piezas de ...ierro se ...acen en grandes fábricas.
- Los protagonistas de este cuento son un ...ada ...ermosa y buena y un bú...o inteligente y sabio.
- Si quieres comprarte ese cinto de ...ebilla dorada, cómpratelo; abre la ...ucha, que llevas mucho tiempo sin sacar dinero.
- Agarra la ...olla por el ...asa, que te puedes quemar.

267 **El verbo *haber*.** El verbo *haber* se escribe siempre con **h** y con **b**. Construye frases con las siguientes formas verbales.

| Yo *he* |
| Tú *has* |
| El/Ella *ha* |
| Nosotros *hemos* |
| Vosotros *habéis* |
| Ellos *han* |

- *Yo he visto ya esa película.*
- ....
- ....
- ....
- ....
- ....

268 Completa con las formas verbales del recuadro.

- .... que ser más cuidadoso con las cosas que te .... prestado.
- .... de ir todos juntos a hablar con el director, aunque .... sido sólo Luis el culpable.
- No te .... visto esta mañana en el colegio.
- Allí .... mucha gente, pero en otras ocasiones .... más.

| han |
| hemos |
| haya |
| ha habido |
| había |
| ha |
| hay |

269 **HABER y A VER.** Observa las ilustraciones y lee con atención.

VEO LA TELEVISIÓN DESPUÉS DE HABER ESTUDIADO.

YO TAMBIÉN LA VOY A VER.

● Observa que **a ver** se hace «con los ojos», se refiere al sentido de la vista. Completa:

- Creía .... oído un ruido.
- Vamos .... las fotos del verano.
- Baja .... el accidente.
- Mira .... si ha llegado Pedro.

- Por .... llegado tarde, lo han castigado.
- No te quejes, ... dicho la verdad.
- ¡...........................!, ¿quién ha silbado en clase?
- Ve .... esa película, es preciosa.

270 Observa y lee.

aprende: Se escriben *he* y *ha* (con *h*) cuando la frase puede transformarse en plural y se cambian por *hemos* y *han*.

271 Completa con **ha/a** y **he/e**, según convenga.

- Luis ___ de llegar ___ casa antes de las diez.
- ___ de decir ___ Pedro que sus hermanas, Marta ___ Inés, han ido al cine.
- ___ las cuatro ___ de comunicarme Félix su decisión sobre formar o no parte de nuestro equipo.
- Como comprenderás, no iba ___ darle de sopetón esa noticia; ___ de estar preparado para recibirla.
- Iremos ___ ver el partido ___ casa de Luis. Pero ___ de decírselo antes ___ su madre para que nos prepare una buena merienda.

272 AVERIGUA LO QUE SABES. Escribe la **h** cuando convenga.

- Necesito un ___errero para que me arregle la ___élice del ultraligero.
- ___e de recordarle a Héctor que lleve las cadenas del coche porque ___ay nieve y ___ielo en la carretera.
- Aquí en el costurero de mi madre ___a de ___aber ___aguja, ___ilo y ___alfileres.
- Con la invención de los co___etes espaciales, la mayoría de los ___aviones llevan motores de reacción y abandonan las ___élices.
- En la cumbre de esa montaña, sólo encontraremos ___ielo y algunos ___ongos.
- ___a sido un escritor famoso, pero a___ora es un ___ombre ignorado y ___umilde.
- Observa cómo brilla el rocío en la ___ierba; ___oy ___a caído una gran ___elada.

117

273 Fíjate y haz tú lo mismo.

hue-	co	*hueco*
	elga	....
	rfano	....
	rto	....
	sped	....
	so	....

hie-	rba	*hierba*
	na	....
	dra	....
	lo	....
	rro	....

aprende: **Se escriben con *h* las palabras que empiezan por los diptongos *hue-, hie-.***

274 Recuerda que toda familia léxica tiene la misma ortografía, pero esta regla no la cumplen cinco palabras. Lee con atención y observa.

huevo: huevero, hueva   *oval, ovario*
huérfano: huerfanito, huerfanillo   *orfanato, orfandad*
hueso: huesudo, deshuesar   *osario, osamenta*
hueco: huequecillo, ahuecar   *oquedad*
huelo: huelas, huele, huelen   *oler, olemos, oléis, olía*

● Explica cuándo no siguen la regla.

....

275 Escribe derivados.

huerto: *hortelano, hortalizas*   huésped: ....
huelga: ....   huella: ....
hueso: ....   huevo: ....

276 Escribe frases con los siguientes pares de palabras.

• huevo-oval: *Esta escultura tiene forma oval, es decir, tiene forma de huevo.*
• huérfano-orfanato: ....
• hueso-osario: ....
• hueco-oquedad: ....
• huele-olerás: ....

118

277 Observa y completa la conjugación.

		Presente de indicativo	Pretérito perfecto simple	Presente de subjuntivo
Oler	yo	*huelo*	....	....
	tú	....	....	*huelas*
	él/ella	....	*olió*	....
	nos.	*olemos*	....	....
	vos.	....	....	....
	ellos	....	....	....

278 Todos los demás verbos mantienen la ortografía en todas sus formas. Observa y haz tú lo mismo.

HABLAR	*Este conferenciante **habló** ayer de fútbol, hoy **habla** de toros y mañana **hablará** de música.*
HACER	Antes .... frío, ahora .... calor y después .... frío de nuevo.
HALLAR	Ayer .... a Ramón durmiendo, hoy lo .... viendo la televisión, mañana no sé cómo lo ....
HABITAR	Esta casa la .... una familia inglesa durante diez años, ahora la .... una familia francesa y, cuando me case, la .... yo.
HELAR	Ayer .... en la sierra, hoy está .... en la ciudad y
HEREDAR	mañana .... en la sierra y en la ciudad. ....

279 AVERIGUA LO QUE SABES. Escribe la **h** cuando corresponda.

- ..... ace años, la pobreza obligó a algunas familias a ..... abitar las ..... oquedades de las montañas.
- ..... an ..... allado un ..... ombre muerto en un banco del parque.
- Aquí ..... uele a pan reciente, ¿lo ..... oléis también vosotros?
- Id al ..... uerto y coged las ..... ortalizas que necesitéis.
- ..... an transformado el ..... orfanato en un ..... ospital, porque en esta ciudad ya no ..... ay ..... uérfanos desamparados.
- Los ..... uéspedes de este ..... otel son gente de mucho dinero.
- Va a ..... aber ..... uelga de trenes durante veinticuatro ..... oras.

Palabras con *H* del vocabulario usual que no siguen las reglas

280 Escribe palabras de la misma familia léxica de los siguientes verbos.

hipnotizar: *hipnosis, hipnotizador*　　　honrar: ....

hinchar: ....　　　hervir: ....

hojear: ....　　　hartar: ....

hincar: ....　　　halagar: ....

281 Escribe un verbo de la misma familia léxica.

habitación: *habitar*　　　horror: ....　　　humillante: ....

hechicera: ....　　　hallazgo: ....　　　hábil: ....

homenaje: ....　　　higiene: ....　　　hospital: ....

hermano: ....　　　holgazán: ....　　　humedad: ....

282 Elige del recuadro un sinónimo, una palabra de significado parecido.

saciado: *harto*　　　frecuente: ....　　　congelado: ....

bello: ....　　　vago: ....　　　profundo: ....

aburrido: ....　　　fogata: ....　　　ciclón: ....

mojado: ....　　　morro: ....　　　espantoso: ....

horroroso, hermoso, habitual, helado, hondo, huracán, holgazán, hoguera, hocico, húmedo, hastiado

283 **Palabras con *h* medial o intercalada.** Localiza en esta sopa de letras doce palabras que llevan **h** medial.

```
F S P A D A H O M L A M B W C Q D N    ....................................
M Q B W O X C D R N S Ñ P N Y J F C    ....................................
L C F H D N O A M B Q A E A W P S K    ....................................
H S C A C A H U E T E H H F C O N B    ....................................
G I N L M A E B S C E I O O R M P A    ....................................
B M J I Z C T N D R N B H R R G P S    ....................................
N S G A B V E H I C U L O D P A C M    ....................................
C O M A L C O H O L G H M B H N S W    ....................................
S B N S M A L H A J A D Q C G P L C    ....................................
```

Palabras homófonas con *H* y sin *H*

284 Aprende el significado de las palabras homófonas y completa las siguientes frases.

echo (del verbo *echar*)
hecho (del verbo *hacer*)

- He .... ensalada. ¿Le .... la sal ahora o la .... vosotros?

ola (ondulación)
¡hola! (fórmula de saludo)

- ¡....................!, voy a hacer surfing. Hoy hay .... enormes.

ora (del verbo *orar*, *rezar*)
hora (parte del día)

- El monje .... y labora durante varias .... al día.

abría (del verbo *abrir*)
habría (del verbo *haber*)

- Allí .... no menos de cien personas .... botellas.

asta (cuerno, mástil)
hasta (preposición)

- .... el toro tiene un .... rota.

onda (ondulación)
honda (profunda)

- La piscina es grande y ...., por eso hay .... en su superficie.

285 Observa la ilustración y fíjate en el significado de las palabras *ahí, hay, ¡ay!*

HAY UN NIÑO AHÍ QUE DICE ¡AY!

- A continuación completa las siguientes frases.

  - ¡..............!, no me pises.
  - ...., en ese cajón, ... un destornillador, alcánzamelo.
  - ¡..............!, no me agarres por ...., que tengo una herida y me duele.
  - Mira por ...., a ver si .... algo que podamos comer.

286 AVERIGUA LO QUE SABES. Escribe **h** cuando corresponda.

- El perro tiene el   ocico siempre   úmedo, lo que favorece su sentido del   olfato.
- En esta   abitación   ay mucha   umedad y las almo   adas se   an llenado de mo   o.
-    ay ve   ículos que funcionan con motores de alco   ol.
- En este   ospital, la   igiene deja mucho que desear.
- Esta tienda   abría antes los domingos; a   ora cierra desde el sábado por la tarde   asta el lunes.
- El   uracán   a dejado sin   ogar a muchas familias   umildes.
- Mi madre, con sus a   orros, se va a comprar una al   aja.

Tapa con una cuartilla los textos originales y realiza estos ejercicios.

Lee con atención los siguientes refranes y escribe la *h* cuando convenga.

- Nace en la ___ uerta lo que siembra el ___ ortelano.
- A la mala ___ ilandera, la rueca le ___ ace dentera.
- Tener ___ ambre y esperar, ___ ace rabiar.
- A buen ___ ambre no ___ ay pan duro.
- ___ adas malas me ___ icieron negra, que yo blanca me ___ era.
- Ir ___ a la guerra y casar no se deben ___ aconsejar.
- A la fuerza a ___ orcan.
- Donde fuego se ___ ace, ___ umo sale.
- ___ asta el fin, nadie es dichoso.
- El mejor escribano ___ echa un borrón.
- Al ___ erizo, Dios lo ___ izo.
- Si la ___ envidia fuera tiña, ¡qué de tiñosos ___ abría!
- Al ___ enemigo que ___ uye, puente de plata.
- Dios ___ aprieta, pero no a ___ oga.

Comprueba tus aciertos y escribe correctamente las palabras equivocadas.

....

....

- Nace en la huerta lo que siembra el hortelano.
- A la mala hilandera, la rueca le hace dentera.
- Tener hambre y esperar, hace rabiar.
- A buen hambre no hay pan duro.
- Hadas malas me hicieron negra, que yo blanca me era.
- Ir a la guerra y casar no se deben aconsejar.
- A la fuerza ahorcan.
- Donde fuego se hace, humo sale.
- Hasta el fin, nadie es dichoso.
- El mejor escribano echa un borrón.
- Al erizo, Dios lo hizo.
- Si la envidia fuera tiña, ¡qué de tiñosos habría!
- Al enemigo que huye, puente de plata.
- Dios aprieta, pero no ahoga.

Lee con atención y escribe *h* cuando corresponda.

El testamento

abía una vez un   ombre que tenía tres   ijos y una próspera   acienda. Y su testamento fue muy curioso: todos sus bienes deberían ir   a parar al   ijo que demostrase ser más vago.

A   ora bien, los tres   ijos   eran muy perezosos. De   echo, eran muy conocidos en el pueblo por su   olgazanería, pero resultaba difícil decir cuál   era el más perezoso de los tres. Discutieron muy airadamente entre ellos, y al final acordaron presentarse ante el cadí.

El cadí escuchó las condiciones del litigio y luego, dirigiéndose al mayor, dijo:

— A ver, demuéstrame lo vago que   eres.

Entonces el   ermano mayor se levantó y se postró ante el cadí.

—Esta misma mañana estaba sentado al lado del pozo, y   abía un cuenco en el borde. Yo me moría de sed, pero me quedé allí sentado y esperé   a que llegase mi madre y llenase un cuenco para ella. Entonces le dije: «¡Qué vergüenza, dejar aquí a tu propio   ijo muerto de sed! Dame   a beber el agua que queda en el cuenco.»

Después, el cadí le dijo lo mismo al segundo   ijo, que también se levantó y se arrodilló ante él.

— Anoche —contó— me dijo mi madre: «Cierra la puerta de la calle y vámonos a la cama.»

Pero yo pensé para mis   a dentros: «Cada noche la gente cierra su puerta y se va   a dormir, sólo para tener que levantarse por la mañana y   abrirla otra vez. ¡Qué pérdida de tiempo!» Así que no   ice caso de las palabras de mi madre, y me quedé sentado donde estaba. Pasé la noche allí, y dejé la puerta   abierta.

Luego el cadí se dirigió al benjamín, que estaba sentado al fondo de la corte.

— A ver, demuéstrame lo vago que eres. Pero el   ermano pequeño se limitó a quedarse allí sentado y   a decir algo entre dientes. El cadí repitió lo que   abía dicho, pero el benjamín volvió   a murmurar algo en voz baja.

—¿Qué es lo que   a dicho? —le preguntó el cadí a uno de los presentes.

—Dice —contestó el aludido— que os lo demostrará, si venís   asta el fondo de la corte, pero que eso de levantarse de donde está sentado y   acercarse   asta aquí es demasiado trabajo.

—Creo que este caso —dijo el cadí— es fácil de resolver.

Y adjudicó la   acienda al   ermano pequeño.

RICHARD HUGHES: *En el regazo del Atlas.* Ed. Alfaguara.

Comprueba tus aciertos y escribe correctamente las palabras equivocadas.

....

Observa las palabras que debes escribir correctamente. No se repiten las palabras.

Había	hombre	hacienda	a parar	hijo	Ahora
hijos	eran	hecho	holgazanería	era	A ver
eres	hermano	a que llegase	a beber	Anoche	adentros
se va a dormir	abrirla	hice	abierta	y a decir	a murmurar
ha dicho	hasta	acercarse			

Uso de la X

287 Lee con atención

CAPERUCITA ROJA

Caperucita Roja visitará a la abuela
que en el poblado próximo sufre de extraño mal.
Caperucita Roja, la de los rizos rubios,
tiene el corazoncito tierno como un panal.

A las primeras luces ya se ha puesto en camino
y va cruzando el bosque con un pasito audaz.
Sale al paso Maese Lobo, de ojos diabólicos.
—«Caperucita Roja, cuéntame a dónde vas.»

GABRIELA MISTRAL: *Ternura*.

● Copia, con buena caligrafía, las palabras del poema que tienen la letra **x**.

....

● Escribe, con ayuda del diccionario, palabras de la misma familia léxica:

Próximo: *proximidad, aproximadamente,* ....
Extraño: *extrañeza,* ....

288 **Confusión entre *x* y *s*.** La ***x*** representa los sonidos *ks*. Por eso, en la pronunciación cuidada, decimos:

examen → "eksamen" *explorador* → "eksplorador" *tórax* → "toraks"

● Pero es normal y, por tanto, correcto que se pronuncie:

- Ante vocal, **gs**: *examen* [egsamen] *éxito* [égsito]
- Ante consonante, **s**: *explorador* [esplorador] *extenso* [estenso]
- Al principio y final de palabra, **s**: *tórax* [tóras] *xilófono* [silófono]

● No existen reglas fáciles para aprender la ortografía de la **x**, por eso debes memorizar las palabras que llevan esta letra.

Observa las siguientes ilustraciones y escribe el nombre que representa. En el recuadro aparecen con las sílabas desordenadas.

SIÓN-PLO-EX
TO-SEX
BLE-XI-FLE
CO-TÓ-XI
RAX-TÓ
ÑO-TRA-EX
FÓN-XO-SA
XIÓN-FLE
XI-TA
XO-FLE
XI-FO-NO-LÓ
TOR-TIN-EX
DO-RA-VA-CA-EX
XÁ-HE-NO-GO
DOR-BO-A-XE
DOR-PLO-RA-EX

290

AVERIGUA LO QUE SABES. Completa con **s** o **x**, según corresponda.

- Las palabras a___ila, ma___ilar y tóra___ se escriben con **x.**
- En esta orquesta hay un ___ilófono y tres sa___ofones.
- El e___tintor de la e___cavadora contiene gas tó___ico.
- Enciende el fle___o, que tengo que dibujar un he___ágono.
- El bo___eador tiene un e___traño bulto en el tóra___.
- El pró___imo martes tengo un e___amen de matemáticas.
- El e___plorador miraba con temor la e___tensa llanura.
- E___te ta___i___ta hace fle___iones a diario para e___tar en buena forma fí___ica.

125

291 Lee con atención las palabras que se escriben **ex-** o **es-** y completa con las frases.

- El é   ito de la e   cursión a las Cañadas del Teide fue debido a la e   periencia del e   perto monitor.
- El e   truendo que oímos ayer fue una e   plosión que tuvo lugar en la e   tensa e   planada que está junto a la e   combrera.
- Este regalo me parece e   pléndido, e   quisito y e   clusivo; le gustará mucho a tu madre.
- Esta película ha tenido un é   ito e   cesivo, pues los e   pectadores apenas la han entendido.
- Toca la e   cama de este pez, verás qué e   calofrío sientes.
- Trabajamos toda la tarde como e   clavos y terminamos e   tenuados.
- Ese dolor que sientes en el brazo puede ser una e   cusa e   tupenda para quedar e   ento de hacer gimnasia.
- La sopa está demasiado e   pesa y tiene un sabor e   pantoso.
- Juan es un hombre e   tremadamente e   crupuloso.

exceso	**ex**clusivo
excursión	**ex**ento
exilio	**éx**ito
expansión	**ex**pedición
experiencia	**ex**perimento
experto	**ex**planada
explosión	**ex**quisito
extenuado	**ex**tenso
extremo	**ex**cusa
excelente	**ex**cedente

escama	espanto
escalera	espectador
escalofrío	espectro
escaso	espeso
espontáneo	esclavo
escombrera	estirpe
escrúpulo	espléndido
estrépito	estricto
estruendo	estupendo

292 Completa el crucigrama siguiente con palabras del recuadro anterior.

VERTICAL:

1. Procedimiento en que se enjuicia la actuación de un funcionario, empleado, estudiante, etcétera.

HORIZONTALES:

1. Imagen o fantasma, por lo común horrible, que se representa a los ojos o la fantasía.
2. Destierro.
3. Duda o recelo que trae inquieto y desasosegado el ánimo.
4. Práctico, diestro, experimentado.
5. Excursión para realizar una empresa.
6. Raíz o tronco de una familia o linaje.
7. Resplandor, lustre, nobleza.
8. Libre, desembarazado de una cosa.
9. Rígido, severo.
10. Vasto, dilatado.

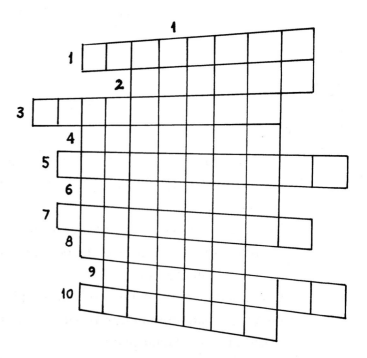

293 Lee con atención los verbos siguientes que se escriben con **ex-** o **es-** y escribe palabras de la misma familia léxica.

excluir: *exclusivo, exclusividad*

exceder: ....

expandir: ....

excavar: ....

excitar: ....

expulsar: ....

exhibir: ....

extender: ....

exigir: ....

espantar: *espantoso, espantapájaros*

escarbar: ....

escasear: ....

espesar: ....

esclavizar: ....

esquivar: ....

escoger: ....

espabilar: ....

estrujar: ....

294 Escribe un verbo de la misma familia léxica.

existencia: *existir*

explosión: ....

expresión: ....

esmero: ....

escalera: ....

extinción: ....

exposición: ....

expulsión: ....

escondrijo: ....

escarmiento: ....

explicación: ....

exportación: ....

extensión: ....

estorbo: ....

estrechamiento: ....

295 AVERIGUA LO QUE SABES. Escribe **s** o **x**, según convenga.

• Este pa___adizo es muy e___trecho, y debemos caminar en fila para no e___trujarnos.

• La e___cavadora que había en la e___planada ha e___plo___ionado, y el e___truendo se ha oído en todo el pueblo.

• La e___po___ición que has realizado sobre las vitaminas ha sido deficiente porque no te has e___pre___ado con claridad. Debes escribirla previamente para otra vez, como nos ha e___plicado el profesor.

• Los cohetes, al e___plotar, hacían un ruido e___tremecedor.

• Debes e___pabilar y ser más e___igente contigo mismo; recuerda el e___carmiento del curso pasado por e___tudiar poco.

296 Lee con atención y aprende las palabras que comienzan por **extra-** o **estra-**.

- Raro, extraño; excesivamente peculiar. ....
- Daño, ruina, asolamiento. ....
- Desaliñado en el vestido. ....
- De contrabando, a escondidas. ....
- De nación, familia o profesión distinta. ....
- Alrededores de un pueblo o ciudad. ....
- Acción de entrega de un refugiado. ....
- Persona muy sociable. ....
- Astucia; ardid en la guerra ....
- Arte, traza, para dirigir un asunto. ....
- Región de la atmósfera. ....
- Extraordinariamente plano o delgado. ....
- Desviación en la dirección de los ojos. ....

extractor	**extra**vagante
extraviado	**extra**dición
extranjero	**extra**ño
extraordinario	**extra**rradio
extraoficial	**extra**vertido
extranjis	**extra**cción
extraplano	
estrato	estrafalario
estrago	estratagema
estrategia	estrado
estratosfera	estrabismo

297 Escribe frases con las siguientes palabras.

- extradición: *El Gobierno ha pedido la* **extradición** *del delincuente fugado al extranjero.*
- estrabismo: ....
- extravagante: ....
- extranjis: ....

298 Completa las frases con los verbos del recuadro.

- El delegado se ha .... en sus funciones.
- Nos hemos ...., yo no conozco esta carretera.
- No .... conclusiones erróneas; me .... que haya dicho eso tu mejor amigo.
- La policía ha encontrado un hombre .... en el parque.

extraer	**extra**ñar
extraviarse	**extra**polar
extralimitarse	
estragar	estrangular

299 Completa el siguiente crucigrama.

1. Ayuda, socorro, amparo.
2. Bocina; instrumento de los automóviles para emitir señales acústicas.
3. Relación entre partes.
4. Que puede doblarse fácilmente.
5. Nebulosa que constituye algún gran sistema estelar.
6. Conjunto de palabras de un idioma.
7. Dislocación de un hueso.
8. Acción de reflexionar.
9. Que es tan grande en su especie que no hay otro mayor.
10. Excusa; motivo o causa simulada que se alega para hacer alguna cosa.

300 Las siguientes palabras mutiladas llevan **s** y **x**. Completa y escribe una palabra de la misma familia léxica.

e o: *sexualidad*

ta i ta: ....

a fi ia: ....

e ce o: ....

e plo ivo: ....

e to: ....

a ofón: ....

e cu a: ....

e ten o: ....

e i tencia: ....

301 AVERIGUA LO QUE SABES. Escribe **s** o **x** cuando convenga.

- De manera e traoficial, se sabe que la e plo ión del camión se debió a que transportaba gas tó ico sin las debidas medidas de seguridad.

- Dice que padece lu ación de tobillo, pero yo creo que es una e cu a para no jugar.

- El e tractor de la cocina se ha averiado porque la cone ión eléctrica no e taba bien hecha.

- El fle o que te has comprado es poco fle ible, y no puedes orientar la luz con comodidad.

- Eres un e travagante y un e trafalario; a tu edad vas haciendo el ridículo.

- Con el prete to de que llevaba un herido, comenzó a tocar el cla on del coche; la policía acudió a au iliarle y comprobó el fraude.

- He colocado en el coche una alarma de má ima seguridad.

Tapa con una cuartilla los textos originales y realiza estos ejercicios.

Completa las palabras mutiladas con *x* o *s*, según corresponda.

Fle o	e tintor	e calofrío	e panto	fle iones
e truendo	e ca o	fle ible	e ten o	e pléndido
e cama	e celente	e pedición	e igir	e carbar
e tranjero	e trabismo	e tractor	e trategia	e trafalario
e trangular	e traño	e traviado	e cama	e cena
cone ión	oca ión	au ilio	a fi ia	e plo ivo

Lee con atención los siguientes refranes y escribe *x* o *s*, según convenga.

- Con prete to de amistad, muchos hacen fal edad.
- Entre amigos y soldados, cumplimientos son e cu ados.
- Quien bu ca mujer hermo a, el sábado la e coja.
- No hay regla sin e cepción.
- El e ce o de vicio saca la puerta de quicio.
- Lo que se u a no se e cu a.
- La e periencia es la madre de la ciencia.
- No se ha de e primir tanto la naranja que amargue el zumo.

Comprueba tus aciertos y escribe correctamente las palabras equivocadas.

....

flexo	extintor	escalofrío	espanto	flexiones
estruendo	escaso	flexible	extenso	espléndido
escama	excelente	expedición	exigir	escarbar
extranjero	estrabismo	extractor	estrategia	estrafalario
estrangular	extraño	extraviado	escama	escena
conexión	ocasión	auxilio	asfixia	explosivo

- Con pretexto de amistad, muchos hacen falsedad.
- Entre amigos y soldados, cumplimientos son excusados.
- Quien busca mujer hermosa, el sábado la escoja.
- No hay regla sin excepción.
- El exceso de vicio saca la puerta de quicio.
- Lo que se usa no se excusa.
- La experiencia es la madre de la ciencia.
- No se ha de exprimir tanto la naranja que amargue el zumo.

III

Lee con atención el texto siguiente y completa las palabras mutiladas con *x* o *s*.

La caza de armadillos

Ahora me gustaría contaros mi más reciente viaje de colección. Yo volví hace poco de una e   pedición de seis meses a Argentina y Paraguay [...] La pampa argentina es notablemente llana; parado en un sitio, puedes ver las inmensas praderas que se e   tienden a lo lejos, tan lisas como un tapete de billar, ha   ta confundirse con el cielo en el horizonte. Entre las altas yerbas crecen los cardos gigantes que, e   cepto en su tamaño, recuerdan a los cardos ingleses. Aquí crecen ha   ta una altura apro   imada de dos metros, y es una vista maravillosa la de la pampa cubierta de cardos en flor, con la yerba alta que parece cubierta de una e   pecie de bruma purpúrea.[...]

Uno de los animales más frecuentes en e   tas grandes praderas es el armadillo peludo. Estos bichos viven en madrigueras que e   cavan ellos mismos y que penetran diez o doce metros bajo la superficie; y cuando salen fuera de noche, si algo les molesta o les inquieta, van directamente ha   ta sus madrigueras y se ponen a cubierto. Naturalmente, el mejor momento para cazarlos es por la noche, y preferiblemente una noche de poca luna, e   ca   a o nueva. Salíamos del rancho donde estábamos alojados y cabalgábamos ha   ta algún punto convenientemente alejado. Desde allí seguíamos a pie, provistos de linternas, siguiendo a los dos perros de caza e   pertos en encontrar a estos animalitos. Para cazar armadillos, tienes que ser capaz de correr muy deprisa, pues normalmente los perros corren en cabeza a cierta distancia y avanzan zigzagueando con el hocico pegado al suelo. En cuanto encuentran uno, rompen a ladrar y la presa se e   cabulle, volviendo precipitadamente al abrigo de su madriguera. Si é   ta e   tá cerca, hay una pequeña po   ibilidad de atraparle. En nuestra primera noche de caza de

armadillos con   eguimos capturar también algunos otros ejemplares de la fauna de la pampa. [...]

Mientras volvíamos al rancho con nuestros primeros cautivos, oí en el aire tranquilo de la noche el ruido lejano de unos cascos sobre el terreno que se acercaban más y más por momentos y de pronto se detuvieron a pocos pa   os de nosotros. Era una sen   ación bastante misterio   a, y por un momento me pregunté si no sería el fantasma de algún antiguo gaucho que galopaba eternamente por la pampa. Al preguntar a mis compañeros dónde e   taba el caballo que creía haber oído, todos se encogieron de hombros y dijeron al uní   ono: «Tuco-tuco.» Entonces me di cuenta de qué era lo que había producido aquel ruido. El tuco-tuco es un animalito del tamaño de una rata con una cara redonda y mofletuda y un corto rabo peludo. E   cava unas galerías enormes debajo mismo de la superficie de la pampa y vive allí, saliendo sólo de noche en bu   ca de las plantas y raíces con las que se alimenta. Este e   traño bichito tiene un oído muy sen   ible y, cuando capta la vibración de unos pasos sobre el terreno que hay encima de su casa, da su grito de alarma para hacer saber a todos los demás tuco-tucos de la zona que se apro   ima un peligro. Es un misterio cómo produce e   ta e   celente imitación de un caballo al galope, pero puede que sea su grito que, al distor   ionarse por la di   tancia y por los ecos de su galería, suena curio   amente como los cascos de un caballo al galope. Por cierto, que los tuco-tucos son unos animalitos muy recelo   os, y, aunque intentamos varios métodos diferentes para capturarlos, nunca logré conseguir un ejemplar de e   ta pequeña criatura, que debe ser una de las más frecuentes de la fauna de la pampa.

GERALD DURRELL: *El nuevo Noé.* Ed. Alfaguara.

Comprueba tus aciertos y escribe correctamente las palabras equivocadas.

Observa las palabras que debes escribir correctamente. No se repiten las palabras.

expedición	hasta	excepto	aproximada	especie
estas	excavan	escasa	expertos	escabulle
ésta	está	posibilidad	conseguimos	pasos
sensación	misteriosa	estaba	unísono	Excava
busca	extraño	sensible	aproxima	excelente
distorsionarse	distancia	curiosamente	recelosos	extienden

Uso de la *G* y *J*

302 Lee y observa con especial atención la pronunciación de las palabras que tienen **g** y **j**.

EL ECO

El paraje es tan solo, que parece que siempre hay alguien por él. De vuelta de los montes, los cazadores alargan por aquí el paso y se suben por los vallados para ver más lejos. Se dice que, en sus correrías por este término, hacía noche aquí Parrales, el bandido... La roca roja está contra el naciente y, arriba, alguna cabra desviada, se recorta, a veces contra la luna amarilla del anochecer. En la pradera, una charca que solamente seca agosto, coge pedazos de cielo amarillo, verde, rosa, ciega casi por las piedras que desde lo alto tiran los chiquillos a las ranas, o por levantar el agua en un remolino estrepitoso.

...He parado a Platero en la vuelta del camino y aumentando mi boca con mis manos, he gritado contra la roca: ¡Platero!

La roca, con respuesta seca, endulzada un poco por el contagio del agua próxima, ha dicho: ¡Platero!

Platero ha vuelto, rápido, la cabeza, irguiéndola y fortaleciéndole, y con un impulso de arrancar, se ha estremecido todo.

¡Platero! —he gritado de nuevo a la roca.

La roca de nuevo ha dicho: ¡Platero!

Platero me ha mirado, ha mirado a la roca y, remangado el labio, ha puesto un interminable rebuzno contra el **cenit**.

La roca ha rebuznado larga y oscuramente con él en un rebuzno paralelo al suyo.

Platero ha vuelto a rebuznar.

La roca ha vuelto a rebuznar.

Entonces, Platero, en un rudo alboroto testarudo, se ha cerrado como un día malo, ha empezado a dar vueltas con el testuz o en el suelo, queriendo romper la cabezada, huir, dejarme solo, hasta que me lo he ido trayendo con palabras bajas, y poco a poco su rebuzno se ha ido quedando sólo en su rebuzno, entre las chumberas.

cenit: punto del hemisferio celeste situado en la vertical de un lugar en la tierra.

JUAN RAMÓN JIMÉNEZ: *Platero y yo.*

● Escribe todas las palabras que se escriben con **j**.

....

● Escribe todas las palabras que se escriben con **g**.

....

● Señala las palabras en que la **g** se pronuncia como **j**.

....

● En las palabras *alguien* y *agua* la **u** no se pronuncia, es «muda». ¿Por qué se escribe entonces?

....

303 Observa estos dibujos y escribe la palabra que representan. En el recuadro aparecen con las sílabas desordenadas.

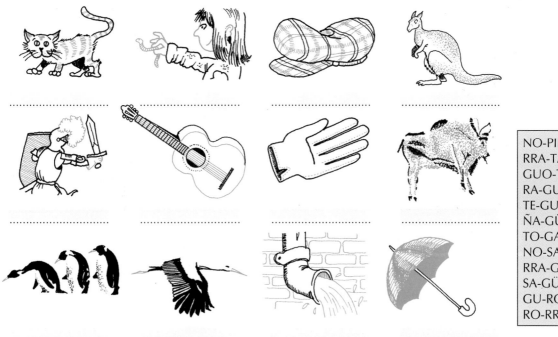

NO-PIN-GÜI
RRA-TA-GUI
GUO-TI-AN
RA-GUAS-PA
TE-GUAN
ÑA-GÜE-CI
TO-GA
NO-SA-GU
RRA-GO
SA-GÜE-DE
GU-RO-CAN
RO-RRE-GUE

aprende:
- Se escribe siempre *ga, go, gu* y *gue, gui* (con *u* muda).
- Se escribe *güe, güi* con diéresis (¨), para que se pronuncie la *ü* en estos grupos.

304 AVERIGUA LO QUE SABES.

a) Escribe *g, gu* o *gü*, según convenga.

va ón	se ir	ver enza	erra	illermo
para as	ci eña	desa e	a a	averi emos
para itas	averi a	man a	man era	isqui

b) Escribe la diéresis cuando corresponda.

- Los amortiguadores no aguantaron los grandes baches de la carretera.
- Deja que él investigue y averigue quién le robó la guitarra.
- ¿No te da verguenza que el agua sucia salga a la calle por el desague de la pared?
- El guía se ha santiguado al entrar en la catedral; santiguémonos también nosotros.
- No pueden estar juntos en el zoo los pinguinos y las cigueñas; porque los pinguinos viven en zonas frías y las cigueñas habitan zonas cálidas.
- Debemos averiguar si ha fraguado bien el cemento antes de pisarlo. Para que frague bien, le he echado agua durante varios días.

305 Fíjate y haz tú lo mismo.

co- esco- enco- prote- reco-	**-ger**	coger, ...

ele- diri- afli- exi- corre-	**-gir**	elegir, ...

aprende: **Se escriben con *g* los verbos acabados en *-ger*, *-gir*, a excepción de *tejer* y *crujir*.**

306 Escribe familias de palabras.

exigir: *exigente, exigencia*
dirigir: ....
resurgir: ....   tejer: ....
proteger: ....   crujir: ....
encoger: ....

307 Observa y completa la conjugación de **exigir** y **tejer**.

	Presente de indicativo	Presente de subjuntivo	Presente de indicativo	Presente de subjuntivo
yo	*exijo*	*exija*	*tejo*	*teja*
tú	*exiges*	....	....	....
él/ella	....	....	....	....
nos.	....	*exijamos*	....	....
vos.	....	....	*tejéis*	....
ellos	....	....	....	....

308 Observa que los verbos terminados en *-ger* y *-gir* se escriben con **j** cuando no le sigue **e** o **i**. Escribe la primera y segunda persona de singular del presente de indicativo.

proteger: *protejo, proteges*   exigir: ....
recoger: ....   elegir: ....
escoger: ....   corregir: ....

309 Fíjate y haz tú lo mismo.

ima- ori- abori- mar- vir-	**-gen-**	-eral -eroso -ero -te -io

imagen, general

....

....

aprende: **Se escriben con _g_ casi todas las palabras que empiezan y terminan en la sílaba _gen_.**

310 Forma familias de palabras.

imagen: *imaginar, imaginario*   genio: ....

origen: ....   gente: ....

virgen: ....   generar: ....

margen: ....   general: ....

311 Observa el uso de **g** y **j** en la conjugación de los siguientes verbos y completa.

escoger: *escogen*   dirigir: *dirigen*   tejer: *tejen*

coger: ....   elegir: ....   crujir: ....

proteger: ....   afligir: ....   trabajar: ....

recoger: ....   corregir: ....   bajar: ....

● Explica cuándo se escribe *jen*.

....

312 Escribe **g** o **j**, según corresponda.

- Co   e una galleta, están cru   ientes.
- Debes de   ar un mar   en más amplio en tu cuaderno.
- La   ente de este pueblo es muy exi   ente en el cuidado del medio ambiente.
- En esta ciudad los te   edores de alfombras aprenden el oficio de   eneración en   enera-
  ción, es decir de padres a hi   os.
- Algunos   óvenes motoristas no se prote   en con el casco, porque no se ima   inan que
  ellos puedan sufrir un accidente.
- En   eneral, los diri   entes se preocupan más de sus asuntos que de los de la   ente.
- El   enio nace, no se hace; así que dé   ate de   enialidades y haz el traba   o que te
  corresponde.
- La devoción a la Vir   en en este lugar tiene su ori   en en una aparición hace siglos a unos
  pastores, según cuenta la   ente del pueblo.

Uso de la J

313 Observa las ilustraciones y escribe la palabra correspondiente. En el recuadro aparecen con las sílabas desordenadas.

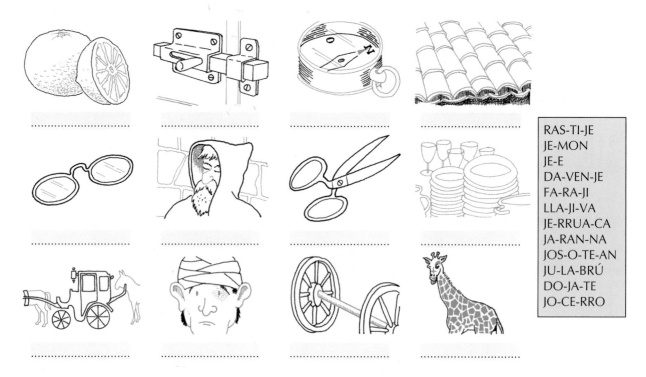

RAS-TI-JE
JE-MON
JE-E
DA-VEN-JE
FA-RA-JI
LLA-JI-VA
JE-RRUA-CA
JA-RAN-NA
JOS-O-TE-AN
JU-LA-BRÚ
DO-JA-TE
JO-CE-RRO

● Señala ante qué vocales crea problemas ortográficos la **j**. ....

314 Lee con atención y subraya las palabras en que la **j** crea dificultad ortográfica.

- Quien se pica, ajos come.
- Escucha por el agujero (=por la cerradura), oirás de tu mal y del ajeno.
- El hábito no hace al monje.
- Corazón enamorado no quiere ser aconsejado.
- Los jefes y burros viejos, lo más lejos.
- Frutos y amores, los primeros los mejores.
- El hombre es fuego y la mujer estopa, llega el diablo y sopla.
- En cojera de perro y lágrima de mujer no hay que creer.
- Donde fuiste paje, no seas escudero.
- Tijeras malas hicieron a mi padre boquituerto.
- En la mesa y en el juego se conoce al caballero.
- A la vejez, viruelas.
- Huyendo del perejil, le salió en la frente.
- Quien malos caminos anda, malos abrojos halla.

315 Escribe la palabra primitiva.

bajeza: *bajo*

navajero: ....

hijita: ....

ovejero: ....

viajero: ....

brujería: ....

relojero: ....

cerrajero: ....

316 Escribe derivados y subraya las palabras que se escriben con **je** o **ji**.

viejo: *vejez*, *vejestorio*

faja: ....

granja: ....

ojo: ....

caja: ....

cojo: ....

aguja: ....

rojo: ....

317 Completa la conjugación.

		Presente de indicativo	Pretérito perfecto simple	Presente de subjuntivo
Cojear	yo	*cojeo*	*cojeé*	*cojee*
	tú	....	....	....
	él/ella	....	....	....
Bajar	yo	....	*bajé*	*baje*
	tú	....	....	....
	él/ella	....	....	....
Dejar	yo	*dejo*	....	....
	tú	....	....	*dejes*
	él/ella	....	*dejó*	....

318 Averigua lo que sabes. Escribe **g** o **j**, según corresponda.

- Tiene un oo morado y coea desde que sufrió el accidente de moto.
- Corta el pereil con las tieras en trozos pequeños.
- Dee la vailla limpia encima de la mesa del salón.
- Hay un aguero en esta caita de cerillas.
- El granero fue muy amable y ayudó al viaero extraviado.
- He comprado unas oreeras para evitar el frío y unos anteoos para ocultar mis oeras.

319 Lee con atención y observa las letras en negrita.

gar**aje**	her**eje**	cerra**jería**
cor**aje**	**eje**	mensa**jería**
vi**aje**	esqu**eje**	extran**jería**
pel**aje**	d**eje**	bru**jería**
rod**aje**	tejeman**eje**	relo**jería**

aprende: **Se escriben con *j* las palabras terminadas en *-aje*, *-eje* y *-jería*.**

320 Forma palabras terminadas en *aje*.

lengua: *lenguaje*

persona: ....

aprendiz: ....

reportero: ....

equipo: ....

rodar: ....

fichar: ....

abordar: ....

hospedar: ....

montar: ....

321 Observa y haz tú lo mismo:

coger: *coge, cogería*

proteger: ....

escoger: ....

acoger: ....

sugerir: *sugiere, sugería*

digerir: ....

ingerir: ....

● Explica por qué estas formas verbales acabadas en *-gería* se escriben con **g**.

....

322 Completa las siguientes palabras con **g** o **j**.

gara e	here e	in ería	olea e	emer ía
co ería	salva e	aco e	embala e	ropa e
pa e	di ería	chanta e	pasa e	reco ería
prote ería	mensa e	te ería	espiona e	relo ería
prote e	cerra ería	paisa e	bru ería	

138

323 Lee con atención y observa las letras en negrita.

ajeno   **eje**rcicio

ajetreo   **eje**cutar

ajedrez   **eje**mplo

ajete   **ejé**rcito

> *agenda, agencia*

aprende: **Se escriben con *j* las palabras que comienzan por *aje-* o *eje-*, a excepción de *agenda* y *agencia* y sus derivados.**

324 Completa el siguiente crucigrama.

VERTICALES:

1. Trabajo que tiene por objeto el desarrollo de una habilidad.

HORIZONTALES:

1. Persona diestra en el ajedrez.
2. Pieza cilíndrica alrededor de la cual gira un cuerpo.
3. Ajo tierno.
4. Fatigarse con algún trabajo o yendo y viniendo de una parte a otra.
5. Ajusticiar.
6. Cuerpo formado por numerosos soldados.
7. Practicar, poner en ejercicio una profesión.
8. Demostrar con ejemplos lo que se dice.
9. Que pertenece a otro.

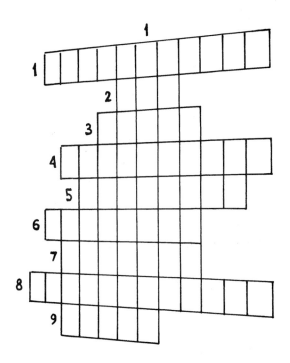

325 AVERIGUA LO QUE SABES. Escribe **g** o **j**, según corresponda.

• En el corti o guarda en el gara e un carrua e de la época de sus bisabuelos.

• Debemos ir a la a encia de via es a comprar los billetes.

• Fue acusado de bru ería y quemado como un here e.

• El campeón de a edrez ha encargado una tortilla de a etes para comer.

• En este imnasio los e ecutivos realizan e ercicios físicos para estar en forma.

• En esta a encia hay un a etreo, que parece que regalan algo.

• Yo prote ería la pantalla del ordenador con una funda.

• Esa señorita debe ser un persona e importante, por el equipa e que lleva.

• Pasa por la relo ería y reco es el reloj que de é allí hace unos días.

• Ha enviado el equipa e por una a encia de mensa ería.

326 Completa la conjugación de los siguientes tiempos verbales y observa cómo se escriben.

		Pretérito perfecto simple	**Pretérito imperfecto de subjuntivo**
Decir	yo	dije	dijera o dijese
	tú	....	....
	él/ella	....	....
	nos.	dijimos	....
	vos.	....	dijerais o dijeseis
	ellos	dijeron	....

		Pretérito perfecto simple	**Pretérito imperfecto de subjuntivo**
Traer	yo	traje	trajera o trajese
	tú	....	....
	él/ella	....	....
	nos.	....	trajéramos o trajésemos
	vos.	trajisteis	....
	ellos	....	....

aprende: **Se escriben con *j* las formas de los verbos que no tienen en el infinitivo *g* o *j*.**

327 Completa las frases empleando los verbos que se indican.

• Esta finca (*producir*) .... el año pasado cien toneladas de ajos.

• Los niños se (*distraer*) .... ayer viendo una película.

• Hace dos días, el hombre del tiempo (*predecir*) .... las tormentas de hoy.

• Si no (*proteger*) .... tanto a tus hijos, se harían antes adultos.

• Si se (*reducir*) .... el consumo de alcohol entre la juventud, la sanidad pública se ahorraría mucho dinero.

• Hace dos años (*contraer*) .... matrimonio con una señorita de Fuerteventura.

• Al final, se nos olvidó, y no (*traer*) .... el vino para la cena.

• Si (*decir*) .... siempre la verdad, ahora no os pasaría esto.

• ¿Él solo (*deducir*) .... que no se podía hacer ese problema? No me lo creo.

• Si le (*exigir*) .... poco, no te hará nada.

Palabras del vocabulario usual que no siguen las reglas

328 Escribe derivados.

ágil: *agilidad*   ángel: ....   agitar: ....

colegio: ....   digerir: ....   religión: ....

energía: ....   gimnasia: ....   girar: ....

ligero: ....   inteligencia: ....   longitud: ....

refugio: ....   región: ....   vegetal: ....

329 Localiza en esta sopa de letras doce palabras que se escriben con **j**.

```
D O S O T E J B O A G K L
V L C E N A F X I X A T Y
E C O N S E R J E I D E M
J T J O N A E J J J S J H
E G I J I L G U E R O I O
Z Ñ N Q F G B F E T N D L
C O M I N O E J V N A O A
W E T E N I J Q G U B L C
```

....
....
....
....
....
....

330 AVERIGUA LO QUE SABES. Completa con **g** o **j**, según corresponda.

• No olvides que la   imnasia se hace también con inteli   encia.

• Este   ersey que llevas ya no puede ocultar los rigores de la ve   ez; cómprate otro.

• El fu   itivo se instaló en un refu   io de la montaña para ocultarse de la policía.

• Me ha enviado una tar   eta de felicitación la asociación de antiguos alumnos del cole   io.

• En esta re   ión se siembran muchos   irasoles.

• Anda más li   ero; así hacemos mejor la di   estión.

• Este te   ido no puede lavarse con le   ía.

• Ya te di   e ayer que los   eranios se riegan una vez a la semana.

• Si condu   eras con más precaución, no tendrías tantos accidentes.

• A pesar de sus años, el abuelo está muy á   il y tiene muchas ener   ías.

• ¿Puede explicarme el ob   eto de su visita?

Tapa con una cuartilla los textos originales y realiza estos ejercicios.

Completa las palabras mutiladas con *g, gu, gü* o *j*.

averi emos	itarra	cru ientes	ob eto	exi amos
te ido	traba en	o eras	refu io	relo ero
exi ente	ci eña	bru ería	conser e	anti o
reco edor	ima en	carrua e	in erir	li ero
esque e	nava ero	te edor	di estivo	ver enza
di estión	co era	e ército	ve etal	exi ente

Lee con atención los siguientes refranes y escribe *g, gu, gü* o *j*, según convenga.

- Quien bien tiene y mal esco e, del daño que le venga no se eno e.
- Quien no sabe fin ir, no sabe vivir.
- El dinero y la mu er en la ve ez es menester.
- No de es para mañana lo que puedas hacer hoy.
- Una vez di e sí y veinte me arrepentí.
- Muere más ente por mucho comer que por ir a la erra.
- El zapatero juz e de su oficio y de e el a eno.

Comprueba tus aciertos y escribe correctamente las palabras equivocadas.

....

....

averigüemos	guitarra	crujientes	objeto	exijamos
tejido	trabajen	ojeras	refugio	relojero
exigente	cigüeña	brujería	conserje	antiguo
recogedor	imagen	carruaje	ingerir	ligero
esqueje	navajero	tejedor	digestivo	vergüenza
digestión	cojera	ejército	vegetal	exigente

- Quien bien tiene y mal escoge, del daño que le venga no se enoje.
- Quien no sabe fingir, no sabe vivir.
- El dinero y la mujer en la vejez es menester.
- No dejes para mañana lo que puedas hacer hoy.
- Una vez dije sí y veinte me arrepentí.
- Muere más gente por mucho comer que por ir a la guerra.
- El zapatero juzgue de su oficio y deje el ajeno.

Lee con atención y completa las palabras mutiladas escribiendo *g, gu* o *j*.

El misterio del cofrecillo

Esteban, un muchacho bondadoso y huérfano, era leñador en el bosque. Un día se encontró a un anciano, quien regaló un precioso cofre. Tomó su navaja, forzó la cerradura y abrió su tapa. Al principio no vio nada, sólo un pañuelo rojo.   iró el cofre hasta exponerlo a los rayos del sol. Entonces algo tiró del pañuelo, que se enco   ió sobre sí mismo. El movimiento sobresaltó a Esteban, que pensó ahora con inquietud en el riesgo que podía estar corriendo. ¿Quién le decía que bajo el pañuelo no se ocultaba una serpiente o un escorpión y que al tender su mano no le iba a herir con su veneno? Su corazón se a   itaba en el pecho como una rama que, arrancada del árbol, es arrastrada por un torrente; pero ya era tarde para detenerse. Tampoco tuvo tiempo de retirar el pañuelo. Asomando por el borde del cofrecillo, vio aparecer cuatro dedos humanos. Luego apareció el pulgar, y ense   ida el dorso de la mano y el comienzo de la muñeca. Una mano exenta, separada de su cuerpo, se escurrió entonces por el borde del cofre y cayó sordamente encima de la mesa. Escuchó el golpe sobre la madera, como el de un paño húmedo, y vio ense   ida el á   il movimiento de los dedos intentando recuperar la posición normal.

Esteban no daba crédito a lo que veía. Nunca había ima   inado que pudiera existir nada i   al, ni que se   mento de cuerpo alguno pudiera llegar a tener una vida separada, independiente del organismo al que pertenecía. Su primer impulso fue abandonar la cabaña y correr en busca de ayuda. Pero no se movió. Era como si hubiera entrado en una re   ión misteriosa y ya fuera demasiado tarde para arrepentirse y retroceder. La manita, mientras tanto, permanecía inmóvil sobre la mesa. Era una mano delicada, casi infantil, una mano que le hizo pensar en las manos de las muchachas.[...]

La manita continuaba sin moverse y Esteban, conmovido aún por aquellos pensamientos, se acercó rebosante de ternura. Tendió sus dedos hasta rozar su piel y, al ver que esta acción parecía ser de su agrado, estuvo acariciándola. Cuando le ofreció su propia palma, la pequeña mano se acurrucó en ella, como un animalito que necesitara su protección y su cariño. La llevó hasta sus labios y la besó varias veces mientras las lágrimas saltaban de sus ojos. La manita se apretaba contra su me   illa, y le acariciaba jugando con esas lágrimas.[...]

Muy pronto se habían hecho amigos. La manita corría li   eruela por la casa, siempre detrás de Esteban; y, cuando éste le tendía sus palmas, se acurrucaba en ellas, alborozada. Era, además, muy inteli   ente. Le tiraba cosas y salía al momento en su busca, salvando todos los obstáculos con una extraordinaria a   ilidad. Bastó, por e   emplo, que le explicara cómo se esco   ían las lentejas, para que, dili   ente, separase todas las piedrecitas sin cometer ni el más mínimo error.

Aquella misma tarde fueron al bosque. Mientras él cortaba la leña, la manita le esperó en la rama de un árbol. Al terminar, sólo tuvo que diri   irse a ella y extender sus dos palmas para que ésta saltara desde lo alto. Se diri   ieron al arroyo, y ella, ense   ida, se puso a chapotear en la corriente. A través del a   a se transparentaba el fondo arenoso, y Esteban veía a su amiga desplazándose entre las piedras con la determinación de los peces. Las orillas eran poco profundas y estaban invadidas de brotes amarillos. Salía cada poco del a   a, y desaparecía entre las pequeñas flores para volver a emer   er, al instante, unos pasos más allá. Tenía la piel tiznada por el polen amarillo y los diminutos estambres, y sus movimientos expresaban una alegría indescriptible, como si hubiera sido alcanzada por una lluvia de oro.

Esa noche, se acostaron juntos en la cabaña. La manita encontró rápido acomodo bajo la almohada, y, rendida por lo mucho que se había movido, co   ió el sueño en el acto.

GUSTAVO MARTÍN GARZO: *La princesa manca.* Ave del Paraíso Eds.

Comprueba tus aciertos y escribe correctamente las palabras equivocadas.

....

Observa las palabras que debes escribir correctamente. Se omiten las palabras repetidas.

giró	encogió	agitaba	enseguida	ágil	igual
segmento	región	mejilla	ligeruela	inteligente	agilidad
ejemplo	escogían	diligente	dirigirse	dirigieron	agua
emerger	cogió				

Solucionario

PRESENTACIÓN DE LOS ESCRITOS

1. El texto de la izquierda presenta defectos de presentación: márgenes, espacios, tachaduras, letras ilegibles, etcétera. Hay también errores ortográficos:

- de puntuación: se omiten los signos de exclamación, puntos, etc.
- de acentuación: *día, llovía*.
- en la escritura de las letras: *lebanté, desallunar, desalluno, llegé, baya*.

VALOR DE LOS SIGNOS DE PUNTUACIÓN

3. En el primer caso se refiere a dos chicos; en el segundo, a tres.

Los signos de interrogación y exclamación aportan el significado de formular una pregunta o de expresar una emoción cualquiera.

EL PUNTO (.)

5. La selva tropical es, sin duda, el ecosistema más complejo del mundo. Sobrevive gracias a un circuito cerrado y rápido de las sustancias nutritivas. Cuando una planta muere, se descompone rápidamente y los elementos vitales (nitrógeno, fósforo, calcio y potasio) son absorbidos de inmediato por otras plantas, para lo que cuentan con raíces poco profundas. La función de los seres degradadores es de vital importancia.// La selva tropical presenta el mejor ejemplo de interdependencia de todos sus componentes. Esta armonía hace posible que el ecosistema, a pesar de su fragilidad, haya sobrevivido y prosperado durante millones de años.

8. La hormiga roja es uno de los insectos más temibles de la selva que, a pesar de ser ciega, se desplaza continuamente. Cuando se ponen en marcha, forman a veces columnas de varios kilómetros. Millones de individuos se mueven en ella y, a su paso, huyen todos los animales. Nadie puede parar su avance. Comen toda clase de carne que encuentran viva o muerta, desde un pequeño saltamontes hasta un rinoceronte. Aunque sea muy grande el animal, si es atacado por las hormigas rojas, quedará reducido al esqueleto en pocos minutos.

LOS PUNTOS SUSPENSIVOS (...)

10.
- Me imagino que usted lo que busca es...
- Aquí puedes aplicar el refrán: «A mal tiempo... »
- Ya ha eliminado a los franceses, a los ingleses, a los italianos...
- Ya te he dicho muchas veces... Bueno..., prefiero callarme.
- ¡Cómo me iba yo a imaginar que... si parecía tan formal!

12. La Biblia relata cómo Dios creó el Sol, las estrellas, la Luna..., en fin..., todos los astros. No obstante, las religiones antiguas (los griegos, los egipcios, los babilonios...) rendían culto, en calidad de dioses, a los astros.

Por lo general, se atribuía a la Luna un poder benefactor. Su luz ofrecía protección contra los enemigos y los animales salvajes, originaba la lluvia y la fecundidad... Pero también se tenía temor porque se sabía que regía las mareas, podía causar la locura en los hombres...

15. Son numerosas las creencias y prácticas agrícolas basadas en las fases lunares: luna llena, cuarto menguante, luna...

Es sabido que la luna refleja la luz del sol sobre la tierra. Es más débil, pero a veces más efectiva, pues tiene una mayor penetración en el suelo y favorece la germinación de las semillas. De ahí que muchos labradores sigan un calendario lunar para realizar sus labores.

- **Acciones a realizar en cuarto creciente**: siembra y trasplante de hortalizas, de plantas aromáticas, de arbustos, de...
- **Acciones a realizar en cuarto menguante**: recogida de frutos, preparación del terreno para los nuevos cultivos, transplante de árboles frutales...

LOS DOS PUNTOS (:)

17.
- Las cuatro provincias gallegas son: A Coruña, Lugo, Orense y Pontevedra.
- Aquí podemos aplicar el refrán: «A Dios rogando y con el mazo dando».
- El sabio griego Arquímedes dijo: «Dadme una palanca y moveré el mundo».
- Muy señor mío: Le agradeceré que me envíe el libro *Viaje a la Alcarria*...
- En Madrid se editan varios periódicos: *ABC, El País, La Razón,* etcétera.

20. Una señora, asombrada del bigote del señor sentado junto a ella en el autobús, le dice:
—Vaya un bigote que tiene usted.
Y el señor le contesta:
—Porque me sale de las narices.
La señora le replica, muy enfadada:
—¡Hasta luego, mal educado!

21. Cuando Luis quiso ocupar la plaza de alguacil del pueblo, necesitó solicitarla a través de una instancia dirigida al alcalde. Entonces fue a casa de don Marcelino, el maestro, y le dijo:
—Tengo que escribir una instancia al alcalde solicitando la plaza de alguacil y no sé cómo redactarla.
Entonces el maestro, con la paciencia de siempre, le indicó:
—Ahí tienes papel y lápiz; copia este modelo que tengo yo aquí.

Marcelino Pérez García, Profesor de Educación Primaria de Sanzoles (Zamora), destinado en el Colegio Público Las Fuentes

EXPONE:

1.º Que se ha estropeado la calefacción del colegio, hecho que se repite desde hace dos años con relativa frecuencia.
2.º Que el técnico dice que se necesita una nueva caldera.

De acuerdo con todo lo anterior

SOLICITA:

Se sirva dar las órdenes oportunas para proceder a una reparación definitiva, con el fin de que los escolares no pasen frío...

LA COMA (,)

24 • Las partes variables de la oración son: nombre, determinante, adjetivo, pronombre y verbo.
 • Ni la preposición ni la conjunción son partes variables.
 • El adverbio, la preposición y la conjunción son palabras invariables.
 • Platero es pequeño, peludo y suave.
 • En esta evaluación he tenido dos suficientes, un notable y dos sobresalientes.
 • Ni tú ni yo podremos acompañarle.
 • ¿Quiere el té solo o con leche?
 • No somos jóvenes ni viejos.

26. • Luis, ayúdame a mover esta mesa.,
 • Quítate de ahí, Ana, que no veo la pizarra.
 • Te has enfadado sin razón, Alberto.
 • Antonio, ¿vas a venir esta tarde al cine?
 • ¿Estás ahí, mamá?

28. • Mi primo, excelente albañil, me ha ampliado esta habitación.
 • Luis, el hijo del director, ha ganado la carrera.
 • Ana, mi tía de Valladolid, vendrá a vivir con nosotros.
 • Juan Ramón Jiménez, poeta universal, escribió Platero y yo.
 • Con la verdad, dice mi padre, se va a todas partes.
 • Más vale pájaro en mano que ciento volando, dice el refrán.

29. • Este coche es blanco, negro y amarillo.
 • Isabel, la pequeña de mi clase, es la más lista.
 • Alberto no es alto ni bajo.
 • Bruno, ¿has visto a Ana esta mañana?
 • ¿Vas, vienes o te quedas?
 • Yo no he tirado papeles al suelo, profesora.
 • Voy a merendar pan, queso y chocolate.
 • París, capital de Francia, es una bella ciudad.
 • Los romanos tomaron de los griegos muchos dioses y diosas y les dieron nuevos nombres. Así Zeus, el dios supremo de los griegos, se llamó Júpiter. Afrodita, la diosa del amor, se llamó Venus. Poseidón, dios del mar, fue Neptuno y Ares, dios de la guerra, se llamó Marte.

31. • He suspendido tres, por consiguiente, tengo que realizar trabajos durante el verano.
 • Ha quedado en segundo lugar, no obstante, no está satisfecho.
 • El accidente no ha sido grave, es decir, no tan grave como pensábamos.
 • Esta tarde he estudiado, he leído, he visto el partido; en fin, me lo he pasado fenomenal.

33. El pueblo romano asistía los días festivos para entretenerse al anfiteatro, al teatro y al circo. Era, por tanto, un pueblo muy alegre. En el teatro gustaban más de sus actores favoritos, sus máscaras y rico vestuario que de la obra en sí. El circo tenía forma oval, es decir forma de huevo, y allí se celebraban las carreras de caballos. El anfiteatro tenía forma circular y el ruedo, la arena, podía convertirse en lago para celebrar espectáculos navales. Tenían un toldo conocido por velárium que protegía al público del sol.

35. • Cuando nos llames por teléfono, saldremos de casa.
 • Para que nos confirmes la hora de llegada, espero tu llamada.
 • Si supieras cuánto te quieren, no hablarías así de tus padres.
 • Porque te lo tienes muy merecido, te lo he dado.
 • Aunque no te lo mereces, te dejaré ir al cine.
 • Si quieres acompañarnos, puedes venir.

36. • Al salir el domingo del cine, me encontré a Juan en la puerta.
 • Llámame antes de salir en el caso de que decidas venir con nosotros.
 • Puesto que ya lo sabes, no te lo voy a decir otra vez.
 • A pesar de que está muy gordo, corre mucho.
 • Aunque me lo dijeras puesto de rodillas, no lo creería.
 • Si vas al cine con Ana esta tarde, avísame.
 • Cuando termine mis deberes, iré a buscarte para jugar un partido.
 • Si no has podido acabar antes de las siete, déjalo para mañana.
 • Antes de que pudiera hablar, todos empezaron a aplaudir.
 • Cuando las niñas romanas cumplían doce años, solían contraer matrimonio. Antes de celebrar la boda, se consultaba a los dioses. Si los dioses manifestaban que el día era fasto, se celebraba la boda y si era nefasto, se aplazaba. Al finalizar la ceremonia, se hacía una ofrenda a los dioses y se celebraba un gran banquete.

EL PUNTO Y COMA (;)

37. Se han sustituido los puntos y coma por puntos. El punto tiene una pausa algo mayor que la del punto y coma.

38. Al salir Arizmendi con su mujer y sus hijas de misa, Cacochipi y su discípulo cayeron sobre ellos y les dieron un sinfín de apretones y de golpes. Joshé recordó a Arizmendi que tenía dentadura postiza, a su mujer que se ponía añadidos, y a la hija mayor el novio, con quien había reñido. Y, después de otra porción de cosas igualmente oportunas, se marcharon las dos máscaras dando brincos.

40. • Ya hemos comprado los lápices, los rotuladores, las pinturas y los pinceles; no obstante, nos hemos olvidado de las cartulinas.
 • Sé que lo has hecho tú, pero no lo reconocerás nunca.
 • Tiene un genio que se hace insoportable, sin embargo, es un excelente compañero.
 • Recuerda que has de escribir punto y coma delante de la conjunción pero cuando la oración es extensa; sin embargo, pondrás coma si la oración es breve.
 • Si quieres acompañarme al gimnasio cuando acabe la clase, te lo agradeceré; no obstante, lo dejo a tu elección.
 • Juan lo sabe, pero es muy discreto y no se lo dirá a nadie.
 • Llegaremos a casa a la hora de la cena, a no ser que encuentre atasco en la carretera.
 • En la reunión de antiguos alumnos estuvimos todos, excepto Marina y Berta.

41. La charca es una pequeña porción de agua dulce, detenida en una hondonada del terreno. En ella se encuentra todo un pequeño mundo viviente: hay una asociación de vegetales y animales influidos por la temperatura, la humedad y las sustancias alimenticias.

En las orillas de la charca crecen vegetales con sus raíces metidas en el barro y parte de su tallo en el aire, como juncos y espadañas;

flotando en el agua, los nenúfares con sus grandes hojas; y siempre una gran cantidad de algas microscópicas.

Entre este mundo vegetal se encuentra una gran cantidad de animales, asociados entre sí y con las plantas que le rodean. Hay invertebrados como insectos, arañas, cangrejos, gusanos y moluscos; vertebrados como peces, ranas, culebras, etcétera; y gran variedad de animales microscópicos.

INTERROGACIÓN (¿?) Y EXCLAMACIÓN (¡!)

42. • formulan una pregunta: ¿Ves esto?
- expresan alegría...: ¡Les advierto que esta vez va en serio!; ¡No voy más a la escuela!...; ¡y san se acabó!; ¡Oye!
- afirman o niegan: Hoy en día están muy en boga los métodos audiovisuales.

46. Una pregunta me agradó: ¿Vienes a vivir
con nosotros?   Directa
Deseo saber si te quedas con nosotros.   Indirecta
Pregunta que cuándo pensáis llegar.   Indirecta
Dime claramente: ¿Me vas a ayudar o no?   Directa

47. Contéstame enseguida si lo has visto en el colegio o no.
Contéstame enseguida: ¿Lo has visto en el parque o no?
¿Has aprobado todo? —me preguntó con gran inquietud.
¡He aprobado todo! —exclamó muy contento.
Estábamos tan tranquilos sentados y gritó: ¡Todos al agua!
Pregúntale que cuándo piensa prestarnos la bicicleta.

LA RAYA (—)

49. Un padre ayuda a su hijo a hacer los deberes. El padre le dice:
—Me temo, hijo, que algún día el profesor se dará cuenta de que soy yo el que te hace los deberes.
El hijo le responde:
—Papá, en confianza, creo que ya lo sabe. Ayer me dijo que le parecía imposible que yo solo pudiera cometer tantos disparates.

Le preguntan a un condenado a muerte:
—¿Cuál es su última voluntad?
—No estar presente en la ejecución, porque me horrorizan los muertos.

52. Viaja en tren un niño acompañado de su padre. El vagón va lleno de gente, y el niño se dedica a molestar a todo el mundo.
—Si este niño fuera mío —dice un señor—, le daría dos bofetadas que le volvía la cara para atrás.
—¡Ah!, si fuera hijo suyo —le contesta el padre—, ya hacía una hora que yo lo habría tirado por la ventana.

—Mi general, hemos perdido la batalla —dice el coronel.
—¡Que la busquen! —contesta irritadísimo el general.

53. Un lobo hambriento se acercó a una casa y se puso a escuchar. Un niño lloraba desconsolado y la abuela le decía:
—Calla, hijo, que si no, llamo al lobo para que te coma.
—Que no, abuelita, que no —gritaba el niño llorando con más fuerza.
Al oír esto, el lobo se detuvo y se puso a esperar. Llegada la noche, el lobo oyó cantar a la abuela:

—Como venga el lobo, lo mataré, para que a mi niño le deje dormir —decía la canción.
En esta casa dicen una cosa y después hacen otra —dijo el lobo—, y se fue por esos caminos a buscar mejor fortuna.

PARÉNTESIS ( )

55. • Esta ciudad (me refiero a la parte antigua) está muy abandonada.
- Se han publicado las oposiciones en el BOJA (Boletín Oficial de la Junta de Andalucía).
- Cuando viene Luis (menos mal que no lo hace con frecuencia), nos interrumpe todos los juegos.
- Dicen que Lope de Vega en su dilatada vida (1562-1635) escribió más de mil obras de teatro.
- En este libro de geografía, encontrarás un mapa actualizado (fig. 34) de las nuevas fronteras europeas.

LAS COMILLAS (« »)

58. • Entremos en esta discoteca, que hay un ambiente «guay».
- La «movida» de Madrid es famosa en toda Europa. Todavía se puede decir: «De Madrid al cielo».
- El presidente del Gobierno sufre «stress» por el esfuerzo que ha realizado en la campaña electoral.
- César dijo: «Llegué, vi, vencí».
- Entremos en ese «antro» y tomemos un «gin-tonic».
- Ya lo dice el refrán: «Aunque la mona se vista de seda, mona se queda».

59. Mañana salgo para Lyon (Francia) para estudiar un curso de idiomas que organiza mi colegio. Mi padre quiere que estudie también francés porque dice que con el conocimiento de un solo idioma extranjero no se va a ninguna parte. Pienso pasármelo «guay», a pesar de que eso de «monsieur», «madame» y «bonjour» me resulta ahora un poco raro.
Deseo que te lo pases «pipa», como todos los años. Escríbeme contándome tus «rollos» de verano.

EL GUIÓN (-) Y LA DIVISIÓN DE PALABRAS

60. me-sa, co-ci-nar, bu-ta-ca, hí-ga-do, ta-bu-re-te, es-tu-pen-do, jar-di-nes, es-ca-pa-ra-te, trans-por-te, fá-cil-men-te.

61. ate-neo, Ama-deo, edu-ca-dor, ha-ma-ca, arren-dar, Ire-ne, gor-jeo, Aman-da, Eli-seo, An-to-nio.

62. lu-ciér-na-ga, in-di-vi-duo, con-cor-dia, con-ti-nuéis, gua-po, puen-te-ci-llo, aguar-dien-te, ciem-piés.

63. re-a-le-za, Te-o-do-ro, li-ne-al, bro-me-an-do, pe-ón, can-tu-rre-an-do, de-le-tre-an-do, ca-ma-le-ón, cam-pe-ón, is-ra-e-li-ta.

64. vo-s-o-tros, de-s-am-pa-rar, in-a-ni-ma-do, des-ho-jar, des-hu-ma-ni-zar.

65. di-rec-ción, ca-lla-da, mu-cha-cha, pe-rre-rí-as, co-ac-ción, sa-tis-fac-ción, ac-ce-so, ca-le-fac-ción, in-yec-ción, ca-rre-ras.

66.

aun-que	in-u-sual	des-hu-ma-ni-zar
le-o-par-do	jer-sey	ca-lle-jue-la
ac-cio-nar	fun-cio-na-rio	he-rre-ro
leí-mos	co-hi-bi-do	aho-rra-dor

pre-cau-ción	di-rec-ción	arre-ar
ído-lo	dio-ses	ca-ca-hue-te
olien-do	in-hu-ma-no	

LA ACENTUACIÓN

LA PALABRA Y LA SÍLABA

68. Mar-ga-ri-ta, es-tá lin-da la mar,/ y el vien-to/ lle-va e-sen-cia su-til de a-za-har;/ yo sien-to/ en el al-ma u-na a-lon-dra can-tar:/ tu a-cen-to./ Mar-ga-ri-ta, te voy a con-tar/ un cuen-to.

DIPTONGOS, TRIPTONGOS E HIATOS

70. • la palabra de una sílaba se llama **monosílaba**; **bisílaba** es una palabra de dos sílabas; si tiene tres sílabas es **trisílaba**; cuando tiene cuatro o más sílabas se llama **polisílaba**.

71. monosílabas: voy, rey.
bisílabas: viento, siento, cuento, tienda, día, quiosco.
trisílabas: esencia, azahar, tenía, diamantes, palacio.

SÍLABAS TÓNICAS Y SÍLABAS ÁTONAS

74. Las palabras que no tienen sílabas subrayadas son átonas.
<u>Hombre</u> preve<u>ni</u>do <u>va</u>le por <u>dos</u>.
Con <u>pan</u> y <u>vi</u>no se <u>an</u>da <u>bien</u> el ca<u>mi</u>no.
A <u>Dios</u> ro<u>gan</u>do y con el <u>ma</u>zo <u>dan</u>do.

76. Las palabras que no tienen sílabas subrayadas son átonas.

• «<u>To</u>do lo que <u>un</u> <u>hom</u>bre <u>pue</u>de imagi<u>nar</u> <u>o</u>tro lo po<u>drá</u> cons<u>tru</u>ir», <u>di</u>jo el escritor fran<u>cés</u> <u>Ju</u>lio <u>Ver</u>ne.
• «Ene<u>mi</u>go que <u>hu</u>ye <u>puen</u>te de <u>pla</u>ta», <u>es</u> <u>u</u>na <u>fra</u>se <u>cé</u>lebre atri<u>bui</u>da al empera<u>dor</u> Napo<u>le</u>ón Bona<u>par</u>te.
• «Lo <u>bue</u>no si <u>bre</u>ve, <u>dos</u> <u>ve</u>ces <u>bue</u>no», <u>di</u>jo Balta<u>sar</u> Gra-<u>cián</u>.

ACENTUACIÓN DE PALABRAS AGUDAS

78 y 79. Agudas sin tilde: Mi<u>guel</u>, Isa<u>bel</u>, conduc<u>tor</u>, fe<u>liz</u>, anda-<u>luz</u>, dibu<u>jar</u>, deci<u>dir</u>.
Agudas con tilde: Joa<u>quín</u>, An<u>drés</u>, Je<u>sús</u>, cor<u>tés</u>, cata<u>lán</u>, estu<u>dió</u>, vivi<u>réis</u>, canta<u>rán</u>.

80.

ciem-piés	león	reptil	ratón	perdiz
mandril	jugué	veréis	redactar	vivir
comer	dirán	verdad	nariz	parchís
ajedrez	redacción	pintor	después	aquí
allá	codorniz	ayer	dieciséis	

81. autobús, sofá, amistad, ademán, tonel, estación, avión, sartén, ciprés, nación, portugués.

82. francés, catalán, japonés, andaluz, marroquí
León, Alemania, Brasil, Aragón, Inglaterra

83. **Pret. perf. simple**: jugué, jugaste, jugó, jugamos, jugasteis, jugaron; bebí, bebiste, bebió; viví, viviste, vivió.
Futuro: jugaré, jugarás, jugará, jugaremos, jugaréis, jugarán; beberé, beberás, beberá; viviré, vivirás, vivirá.

84. • <u>Mi</u>guel <u>Cor</u>tés es leo<u>nés</u> y mi <u>me</u>jor amigo del colegio.
• A <u>Je</u>sús, el hermano ma<u>yor</u> de <u>I</u>nés, le ha salido un grano en la na<u>riz</u>.
• <u>A</u>yer, después de <u>ha</u>cer los deberes, ju<u>gué</u> un buen rato al par<u>chís</u> con An<u>drés</u>.
• En esta habita<u>ción</u> hay un ra<u>tón</u>, pero no soy ca<u>paz</u> de cogerlo.
• En la esta<u>ción</u> de autobuses de Te<u>ruel</u> per<u>dí</u> la cartera con el car<u>né</u> de condu<u>cir</u>.
• Di<u>rán</u> lo que quieran, pero no fue Jo<u>sé</u> quien lan<u>zó</u> el ba-<u>lón</u> y rom<u>pió</u> el cris<u>tal</u> de la tienda de juguetes.

ACENTUACIÓN DE PALABRAS LLANAS

85. Un <u>du</u>ro me dio mi <u>ma</u>dre,/ <u>an</u>tes de venir al <u>pue</u>blo,/ para comprar acei<u>tu</u>nas/ allá en el olivar <u>vie</u>jo.
Y yo me he ti<u>ra</u>do el <u>du</u>ro/ en <u>co</u>sas que <u>lle</u>va el <u>vien</u>to:/ un <u>pei</u>ne, una redeci<u>lla</u>/ y un <u>mo</u>ño de tercio<u>pe</u>lo.

86 y 87. **Llanas sin tilde**: <u>Jor</u>ge, <u>Ber</u>ta, <u>dul</u>ce, sa<u>la</u>do, a<u>mar</u>go, sa-<u>bro</u>so, he<u>la</u>do.
Llanas con tilde: Fer<u>nán</u>dez, Mar<u>tí</u>nez, <u>Fé</u>lix, <u>ál</u>bum, <u>cés</u>ped, <u>cá</u>liz, a<u>pós</u>tol, al<u>cá</u>zar.

88. López, Luisa, González, Víctor, Rubiales, playa, sombrilla, arena, tumbona, canoa, vigilante, azúcar, cáncer, dólar, fácil, almíbar, abdomen, líder, jueves, catorce, antes, dieciocho, fútbol.

89. joven, germen, ángel, fértil, frágil, mármol, útil, examen, móvil, volumen, origen.

90. anises, reveses, melones, cipreses, corazones, parchises, melocotones, alemanes, ingleses.

91. <u>canto</u>-can<u>tó</u>, <u>hablo</u>-ha<u>bló</u>, averiguo-averi<u>guó</u>, <u>salto</u>-sal<u>tó</u>, <u>miro</u>-mi<u>ró</u>.

92. • Algunas <u>ve</u>ces se ha <u>di</u>cho que el a<u>zú</u>car pro<u>vo</u>ca <u>cán</u>cer, pero no es <u>cier</u>to; pa<u>re</u>ce ser que fue <u>u</u>na informa<u>ción</u> <u>fal</u>sa que pro<u>ce</u>de de los fabri<u>can</u>tes de pro<u>duc</u>tos artifi<u>cia</u>les que sustitu<u>yen</u> al a<u>zú</u>car.
• Es difícil que <u>pue</u>da aca<u>bar</u> este tra<u>ba</u>jo <u>an</u>tes del <u>vier</u>nes.
• En <u>es</u>te cemen<u>te</u>rio no hay ci<u>pre</u>ses; hay na<u>ran</u>jos y o<u>li</u>vos.
• <u>Héc</u>tor ven<u>drá</u> <u>es</u>ta <u>tar</u>de a jugar al par<u>chís</u>; en el <u>ca</u>so de que no vi<u>nie</u>ra, llamaremos a <u>Víc</u>tor y nos <u>va</u>mos a ju<u>gar</u> un partido de <u>fút</u>bol al co<u>le</u>gio.
• He <u>he</u>cho una macedonia de <u>fru</u>tas estu<u>pen</u>da. Le he echa-do me<u>lón</u>, sandía, po<u>me</u>lo, na<u>ran</u>ja, ci<u>rue</u>la, <u>pi</u>ña y melo-co<u>tón</u> en al<u>mí</u>bar.

- Nos han puesto en el examen de matemáticas un problema de hallar el volumen de un cubo.
- Se suele decir que el pueblo alemán es muy disciplinado, que los franceses son presuntuosos y los ingleses, aristócratas. Pero toda generalización falsea la realidad: sirva como ejemplo el comportamiento que tiene el inglés cuando asiste a un partido de fútbol.
- Juan habló durante diez minutos sobre las vitaminas; yo hablo hoy del medio ambiente. Mi exposición no durará más de cinco minutos.

ACENTUACIÓN DE PALABRAS ESDRÚJULAS

93. Palabras esdrújulas: príncipe, comparársele, últimas.

94. aéreo, vértebra, léelo, llévatelo, brújula, Cantábrico, clavícula, murciélago, océano, entrégaselo, víbora, comunícaselo, histórico, ovíparo.

95. No son esdrújulas, sino sobresdrújulas: llévatelo, entrégaselo, comunícaselo.

96. fantástico, lingüístico, maniático, oceánico, cantábrico, paralítico, lunático.

98. crímenes, exámenes, resúmenes, vírgenes, cráneos, simpáticos, volúmenes, gérmenes, vivíparos, jóvenes, márgenes.

99. simpatiquísimo, altísimo, educadísimo, felicísimo.

101.
- El burgalés es de Burgos; el abulense, de Ávila; los cordobeses, de Córdoba; y los cacereños, de Cáceres.
- El océano Atlántico está situado entre los continentes de Europa, África y América.
- Quédate con estos resúmenes; yo ya no los necesitaré jamás.
- Sírveme a mí la sopa; a José ponle un filete con patatas fritas.
- Inés e Isabel participarán en un espectáculo de televisión de gran éxito.

ACENTUACIÓN DE DIPTONGOS, TRIPTONGOS E HIATOS

102 y 103. a-za- har, So-ria, dien-te, Is-ma-el, Ceu-ta
o-a-sis, ba-o-bab, bai-le, buho-ne-ro, rui-do-so
jau-la, ro-edor, zo-o, boi-na, bou
re-al, pei-ne, re-e-le-gi-do, pe-ón, rom-pió
ciu-dad, a-gua, nue-ra

105. Se-bas-tián, Ma-ria-na, Can-ta-bria, A-drián, Rio-ja
jo-vial, dió-ce-sis, cié-na-ga, Die-go, sué-ter

106. CORRER: corréis, correréis, corristeis, corrieron.
SALTAR: saltáis, saltaréis, saltasteis, saltaron.
CORREGIR: corregís, corregiréis, corregisteis, corrigieron.

107. aliviáis, evaluáis, guau, miau

108. AUXILIAR: auxiliáis, auxiliéis.
MENGUAR: menguáis, mengüéis.
FVALUAR: evaluáis, evaluéis.

109.
- Juanito y Victoria compraron un peine de plata para regalárselo a su abuela Aurora.
- Confíe usted, señora, en los huéspedes extranjeros; son educados y amables.
- Si queréis producir en esta huerta productos ecológicos, debéis abonarla con estiércol.
- Mi amigo Diéguez juega al béisbol en el equipo del colegio.
- No corráis, que Rosaura es pequeña y se caerá.
- Se hundió el barco y la gente del pueblo auxilió a los náufragos y se evitó una tragedia humana; pero perdieron todas sus pertenencias en el naufragio.
- No os agobiéis con la evaluación de lenguaje; tenéis otra oportunidad en la prueba de recuperación.

110. Palabras que llevan hiatos: poesía, mía, Andalucía, rasguea. Las palabras *poesía, mía, Andalucía* son palabras llanas y acaban en vocal, por lo cual no deberían llevar tilde.

111. ra-íz, pú-a, rí-e, Ma-rí-a, la-úd, bú-ho.

113. pa-í-ses, to-rre-ón, ge-o-gra-fí-a, ca-ca-tú-a
Ma-rí-a, ra-íz, co-á-gu-lo, la-úd, a-ú-pa.

114. Pret. imperf. de indicativo: hablaba, hablabas, hablaba, hablábamos, hablabais, hablaban; debía, debías, debía, debíamos, debíais, debían; abría, abrías, abría, abríamos, abríais, abrían.
Condicional: hablaría, hablarías, hablaría, hablaríamos, hablaríais, hablarían; debería, deberías, debería, deberíamos, deberíais, deberían; abriría, abrirías, abriría, abriríamos, abriríais, abrirían.

116.
- Luisa sabía que tenía un cáncer desde hacía días, pero no se lo había dicho a nadie.
- Muchos países presentan una geografía muy complicada para realizar un trazado del ferrocarril de alta velocidad.
- María y León se han comprado un ático que tiene un torreón con palomas.
- Deberían retirar de las vías públicas los vehículos averiados; no sólo quitan aparcamientos, sino que afean las ciudades ya que suelen estar sucios y deteriorados.
- Los cereales que se siembran en esta zona son el maíz, el trigo y la cebada.
- Raúl toca el laúd y Luisa el acordeón en la orquesta municipal.
- No veáis tanto la televisión, deberías leer también algún rato.

ACENTUACIÓN DE PALABRAS COMPUESTAS

117. tio + vivo; corre + ve + y + di + le

119. tirachinas, paraguas, decimoctavo, sacacorchos, ciempiés, portalámparas, quebrantahuesos, veintidós, veinticinco, puntapié.

121. físico-químico, histórico-geográfico, hispano-francés, reloj-calendario, artístico-musical, ítalo-germánico, chino-ruso.

122. estupendamente, buenamente, felizmente, inútilmente, débilmente, cortésmente.

123. débilmente, descortésmente, angustiosamente, alegremente, tristemente, limpiamente, rápidamente.

125. hágame, hágaselo, convénzame, tráiganos, tírabales.

126. tranquilamente, críticamente, dichosamente, difícilmente, ciertamente, felizmente, sígame, cayóse, vámonos, entrégaselo, entrégale, milagrosamente, házmelo, comióle, comióselo, finalmente, fácilmente, inútilmente, dáselo, fantásticamente.

ACENTUACIÓN DE PALABRAS MONOSÍLABAS

129.
- ¿Quieres **más** sopa?
- Sírveme **más té.**
- **Aun** cuando llegues tarde, comerás tarta.
- Ya **sé** lo que quieres.
- Ésta es la chaqueta **de** Víctor.
- **Si** no puedes venir, llámame.
- **Tú** coge **tu** cartera.
- Me lo dio para **mí** solo.

- Antes dormía bien, **mas** ahora me desvelo.
- Cuando **te** lo merezcas, **te** lo daré.
- ¿**Aún** no estás contento?
- **Él se** ducha todos los días.
- Espera que **te dé** tu parte.
- **Sí**, lo quiere todo para **sí**.
- **Mi** cartera me la regaló **mi** abuelo.

130.
- ¿**Tú** viniste con tu hermano o solo?
- Te tomas el té tan tranquilo, y después nos vamos.
- Si lo quisiera todo para sí, dáselo; no discutas.
- Sé que estás disgustado, pero se te pasará.
- Quiero que me dé esa caja de rotuladores.
- En el trabajo hablan muy bien de él.
- Te gusta más el café, mas no tengo.
- Aun cuando se ponga pesado, no le hagas caso; no se lo digas aún, espera unos días.

132.
- Si quieres hacerte amigo de él, dile que sí en ese asunto.
- Le pedí más dinero a mi hermano, mas él se negó a dármelo.
- Esta tarde te invitaré a un té en mi casa.
- No me gusta el té, preferiría un café.
- Dime qué coche te gusta más, y te lo compraré.
- Desde hace más de un año, no saben nada de mí en mi casa.
- No sé aún a qué hora llegará; aún no ha llamado por teléfono.
- Él lo sabe, estoy seguro, mas no quiere decirlo.
- Ya sé, desde hace tiempo, que él y Mónica salen juntos.

ACENTUACIÓN DE PALABRAS INTERROGATIVAS Y EXCLAMATIVAS

133. Llevan tilde cuando son palabras tónicas.

135.
- Aunque le insistimos, no dijo **cómo** iba a venir ni **cuándo**.
- Pregúntale **cómo** ha hecho el examen de inglés.
- ¿**Cuando** íbamos al colegio, tu hermano estudiaba con nosotros?
- ¿De **dónde** vendrá tanta gente?
- ¿**Que** no sabes nada? Pregúntalo.
- ¿A **quién** buscas? ¿A **quien** te pueda hacer lo que te han encargado a ti?
- ¡**Cuánta** gente hay hoy en la plaza! **Cuantos** veas con traje y corbata vienen a la boda.
- ¿**Que cómo** me he enterado de la discusión entre Ana y Luis? ¡**Cómo** no me iba a enterar si estaba yo allí!

ACENTUACIÓN DE LAS MAYÚSCULAS

137.
- Ana es de Albacete y Jaime de Cáceres.
- A GIJÓN 40 KILÓMETROS.
- TREN EXPRESO CON DESTINO A CÁCERES TENDRÁ SU SALIDA A LAS DIECISÉIS HORAS VEINTE MINUTOS.
- El océano Índico es más pequeño que el Pacífico.
- Él lo sabe muy bien porque estuvo presente.
- DIRECCIÓN NORTE. A JAÉN POR BAILÉN.

138.
- ¿Que dónde encontré el anillo? Donde menos lo esperaba, en el bolso de la chaqueta.
- Dime con quién andas y te diré quién eres.
- No sé cuánto le presté; pero le di cuanto necesitó en ese momento.
- Cuando lo viste en el cine, ¿con quién estaba?
- ¿Cómo te va en el nuevo trabajo? ¡Cómo me va a ir... de maravilla!
- ¿Cuál te gusta más el jersey rojo o el amarillo? Escoge tú el que quieras, a mí me gustan mucho los dos.
- Pregunta Álvaro que qué quieres. Que me diga dónde ha dejado el destornillador.
- Aquí en esta casa cada cual recoge y ordena su habitación.
- Pregúntale a ese señor por dónde se puede subir a esa montaña.
- Mi compañera de colegio, Ángeles, ha estado de vacaciones en África. Pero no sé exactamente dónde.

ORTOGRAFÍA DE LAS LETRAS

LOS SONIDOS Y LAS LETRAS

139. Las palabras que presentan dificultad máxima van en cursiva, las de escasa dificultad se escriben subrayadas.

Un galgo negro ronda al *viajero* mientras el *viajero* come sus sopas de ajo y su *tortilla* de *escabeche*; es un perro respetuoso, un perro que *lleva* su *pobreza* con *dignidad*, que come cuando le dan y, cuando no le dan, disimula. A su *sombra* ha entrado *también* en el comedor un perro rufo y peludo, con algo de *lobo*, que mira cariñoso y *extrañado*. Es un perro *vulgar*, sin espíritu, que gruñe y enseña los colmillos cuando no le dan. Está *hambriento* y, cuando el *viajero* le tira un pedazo de pan duro, lo *coge* al *vuelo*, se *va* a un rincón, se acuesta y lo *devora*. El galgo negro lo mira con atención y ni se *mueve*.

USO DE LAS MAYÚSCULAS

142.
- Cuando se inicia un escrito y después de punto: *El, Antes, En, Buenos, Usted...*
- Los nombres propios de personas, animales, cosas, etcétera: *Mauricio, Moro, Rubio.*

151

- La primera letra de los títulos de obras literarias, artísticas...: *Las lanzas, Los borrachos, La Sagrada Familia.*
- Los atributos divinos, como Dios, la Virgen, Creador...: *Sagrada Familia.*

144.
- El río Guadalquivir permite que muchos andaluces disfruten de una próspera agricultura.
- La Sagrada Familia está formada por San José, la Virgen y Jesús.
- José Ruiz, el Pecas, ha sido detenido por la policía en los Picos de Europa.
- El caballo del Cid se llamaba Babieca, y sus espadas recibieron los nombres de Tizona y Colada.
- Mañana iremos a ver *El príncipe de Egipto,* una película de dibujos animados sobre la vida de Moisés.

147.
- La Biblia nombra a Dios con distintos nombres: Cordero, Pastor, Redentor, Salvador...
- Me he comprado un libro de Gustavo Martín Garzo titulado *El lenguaje de las fuentes.*
- Querida Irene: Te escribo esta postal desde la isla canaria del Hierro...
- El famoso ladrón de bancos, el Manitas, se ha fugado de la cárcel provincial de Málaga.
- En la ciudad hispalense hay dos equipos de fútbol en primera división: el Betis y el Sevilla.
- Sr. D. Anastasio Calle: Envíeme, a la mayor brevedad, la novela *Crónica de una muerte anunciada,* del escritor colombiano Gabriel García Márquez.

USO DE *C, Z* Y *Q*

148.
- Palabras que llevan el sonido *ka*: con, qué, con, encuentro, qué, Que, como, corza, que, qué
- Palabras que llevan el sonido *ce*: atardecer, dulcísimo, silencioso, deslizándose, dulcísimo.

149.
- La **c** y **z** no crean dificultad ortográfica en las sílabas *ca, co, cu* y *za, zo, zu.*
- Ofrecen dificultad ortográfica en las sílabas *ce, ci* y *que, qui.*
- La letra **q** se escribe siempre acompañada de **u**.

150. cereza, cacerola, circuito, circo, carnicería, cinco, cabeza, calzoncillo, corazón, cocinero, calcetín, catorce.

151. enfurezco, acción, humedezcamos, constructor, hazmerreír, envejezco, satisfacción, factura, conduzco, obedezcamos.

152.
- Hoy *hace* un día *resplandeciente*; saldremos a *comer* al *campo.*
- Este *chiquillo creció* en un ambiente de miseria.
- *Carezco* de datos para emitir un *juicio* en este asunto.
- *Reconozco* que no sé nada de la *civilización azteca.*
- *Compra* un *quilo* de *cerezas* en el *mercado.*
- *Cada* uno tiene su *corazoncito* para *emocionarse.*

153. MASTICAR: mastico, masticas, mastica; mastique, mastiques, mastique.
FABRICAR: fabrico, fabricas, fabrica; fabrique, fabriques, fabrique.
REZAR: rezo, rezas, reza; rece, reces, rece.
COMENZAR: comienzo, comienzas, comienza; comience, comiences, comience.

ENVEJECER: envejezco, envejeces, envejece; envejezca, envejezcas, envejezca.
CRECER: crezco, creces, crece; crezca, crezcas, crezca.
Se escribe siempre *ce, ci*; se escribe *z* el sonido *ce* al final de sílaba.

155. **perfección**: perfeccionar: perfecciono, perfeccioné, perfeccionaré
inspección: inspeccionar: inspecciono, inspeccioné, inspeccionaré
confección: confeccionar: confecciono, confeccioné, confeccionaré

mención: mencionar: menciono, mencioné, mencionaré
solución: solucionar: soluciono, solucioné, solucionaré
emoción: emocionar: emociono, emocioné, emocionaré.

156. aleccionar, promocionar, inspección, distribución, producción evolucionar, coleccionar, suposición, perfección, maldición ambición, selección, calefacción, confeccionar, producir exposición, aficiones, atracciones, transición, observación dilación, solucionar, evolucionar, proyección, opción detección, invenciones, inyección, inflación, construcciones.

157.
- Muchas *construcciones* afean las *ciudades* y se han levantado para *satisfacer* la *ambición* de unos pocos.
- La *proyección* de la *película* se ha suspendido por falta de *calefacción* en el *cine.*
- No *busques* en esta planta del museo la *colección* de monedas; esa *exposición* está en la *quinta.*
- Va todas las semanas al *parque* de *atracciones* por su *afición* a subir en la montaña rusa.
- *Padece* una *afección* cardiaca, y le tienen que poner una *inyección* a la semana.
- La *producción* de la fresa de Huelva se destina, en su mayor parte, a la *exportación.*
- Tienes que mejorar tu *dicción,* omites muchos sonidos al hablar.
- Debes ir al médico sin *dilación* para que te *recete* algo para esa *infección* de garganta.

USO DE LA *D* Y *Z* FINALES

158. perdiz-perdices, altavoz-altavoces, lápiz-lápices, lombriz-lombrices, avestruz-avestruces, vid-vides, pez-peces, red-redes, antifaz-antifaces, maíz-maíces, cruz-cruces, nariz-narices, laúd-laúdes, albornoz-albornoces, ataúd-ataúdes.

159. juez, estupidez, multitud, sociedad, huésped, barniz, nuez, mitad, humedad, tempestad, raíz.

160. sociedad, variedad, codorniz, humedad, lombriz
novedad, atrocidad, barniz, disfraz, hoz
cáliz, cicatriz, andaluz, mitad, majestad
amabilidad, coz, albornoz, red, huésped.

161. veloz, capaz, feroz, voraz, audaz, feliz, fugaz, precoz, sagaz, tenaz, veraz.

162. palidez, maldad, novedad, esclavitud, rapidez, sencillez, sensibilidad, aptitud, lentitud, escasez, amplitud.

163. estudiad, leed, ved.

164.
- *Mirad* esa *pared* y *observad* las pintadas que ha hecho un grupo de gamberros; habrá que limpiarlas, como otras *veces,* y dar a los ladrillos una capa de *barniz.*

- La *juventud* muestra una gran *sensibilidad* ante la *escasez* de alimentos en el Tercer Mundo.
- En esta empresa no se valora la *rapidez* y *velocidad* en realizar un trabajo, sino en que esté bien hecho en el tiempo *necesario*.
- Es una *estupidez* pensar que este *tapiz* tiene un gran valor; este tipo de obras se encuentra con *facilidad* en cualquier tienda de muebles.
- Es una gran *verdad* que la excesiva *velocidad* con que conducen muchos jóvenes ha roto la *felicidad* en muchas familias.

USO DE *R* Y *RR*

165 y 166.   No se repiten las palabras.

- **Sonido suave *ere*:** cazar, caballero, perdido, maravilla, viera, estar, cubrían, grima, hadaron, brazos, por, quisieras, mujer, Esperadme, señora, iré, tomar, madre, palabras, tomar
- **Sonido fuerte *erre*:** perros, arrimárase, roble, rama, rey, reina, ruego, respondiera

167.
- *Ahora* gana mucho, pero *ahorra* poco.
- Este *carro* es muy *caro*.
- En las *carretas* del Rocío los romeros no llevan *caretas*.
- ¿Pero no tenías un *perro* en la finca del campo?
- Mira cómo juega la *perra* con la *pera*.

168. florero, caracol, cuchara, rosa, río, rana, cigarro, gorra, carretera.

169.
- *Enrique* y *Darío* han sufrido un grave accidente en la *carretera*.
- Este *perro* parece enfermo, ten cuidado no tenga la *rabia* y te muerda.
- Este *riachuelo* se llama *Arroyo* de las *Ranas*.
- En este *restaurante* se permite fumar *cigarrillos*, pero no *cigarros* puros.
- Ponte *serio* y no te *rías*, a *Ramón* no le gustan esas bromas.
- En este *robledal* hay *robles* y encinas *carrasqueras*.
- *Roque* tiene la *cara* muy *roja*, parece que está *irritado* y muy enfadado.
- La *gorra* que se ha comprado Luisa es de color *rosa*.

170. Se escribe rr cuando aparece el sonido fuerte en interior de palabras entre vocales.

171. radiorreceptor, vicerrector, pelirrojo, contrarreloj, pararrayos, antirrobo, semirrecta.

172.
- El portero ha cogido el balón fuera del área y ha *realizado* una acción *antirreglamentaria*.
- Las *ratas* se ven por todo el edificio, y ya ha hemos *requerido* la intervención de *desratizadores*.
- Esos *rizos* no te favorecen nada, y debes *desrizarte* un poco el pelo.
- Tanto el director como el secretario del colegio han tenido que poner una alarma *antirrobo* al coche porque le han *robado* varias veces el *autorradio*.
- Dicen que van a poner un tren *monorraíl* hasta el aeropuerto propulsado por un *turborreactor*.
- El ciclista ganó la *carrera* en la etapa *contrarreloj*.
- No confundas una *semirrecta* con una línea *recta*.

173. insatisfecho, intocable, invariable, innoble
irreal, irrespirable, irracional, irregular.

175.
- Trasladar cosas en un carro: *acarrear*.
Ponerse de rodillas: *arrodillar*.
Tapar, poner ropa encima: *arropar*.
Poner en un rincón: *arrinconar*.
Llegar una nave al puerto: *arribar*.
Causar ruina: *arruinar*.
Tomar tierra un avión: *aterrizar*.

176. echar raíces: *enraizar*
poner rejas: *enrejar*
hacerse rico: *enriquecerse*
ponerse rojo: *enrojecer*
quedarse ronco: *enronquecer*
introducir en forma de rosca: *enroscar*
prender en una red: *enredar*

177.
- En esta universidad hay un *rector* y cuatro *vicerrectores*.
- Este niño *pelirrojo* tiene *aterrorizado* a todo el *barrio* con sus travesuras.
- Hay gente que se ha *enriquecido* con negocios poco *recomendables*.
- *Rosaura* siempre ha sido muy *responsable*; su hermano, sin embargo, tiene un comportamiento *irreflexivo* e *irracional*.
- Este tapón no *enrosca* bien porque la *rosca* está rota.
- La *carrera* de ciclistas acabará en una etapa *contrarreloj*.
- Se puso *rojo* de ira y quedó *ronco* de los gritos que dio.

USO DE *M* Y *N*

178.
- ardiente, ansia, fantasma, incorpórea, intangible
- símbolo, imposible.

180. campanario, zumbido, temblor, envasar, hombreras, comprador, campanario, cambio, envidioso, comprender, hambre, tumbona, hambriento, simpático, ciempiés.

181. El prefijo **in-** se transforma en **im-** en las palabras en que va ante **b** y **p**: imbebible, imposible, imperfecto.
     Sin embargo se escribirá: invencible, inverosímil, incansable.

182. embarullar, empaquetar, empapelar; componer, combatir, compartir; enviudar, ennoblecer, enrojecer; conllevar, convalidar, conjugar

183. imponente, importante, convocatoria, embarcadero innovación, contenedor, embellecer, impensable connivencia, emprendedor, imborrable, innombrable envenenar, embobar, inválido, innoble compuerta, impecable, enviudar, embarrancar ensuciar, innegable, convencer, empapar retumbar, envanecerse, inverosímil, invitación

USO DE *I, Y, LL*

184, 185 y 186.
- La **y** con sonido vocálico de **i**: *Rey, y*.
- La **y** con sonido de consonante **ye**: *mayor*.
- Escribe las palabras del poema que se escriben con **ll**: *caballero, castellanos, Vellido, llama*.

187. rey, buey, carey, jersey, yate, payaso, yugo, rayo, boya, yogur, yunque, yelmo, billete, llama, lluvia, sello, olla.

188.
- No he dicho que tuviera dos *jerséis*; sólo tengo un *jersey* amarillo de algodón.
- Si no quieres que te *llamen payaso*, no hagas *payasadas*.
- Con la *lluvia* se ha mojado la carta, y no se ven bien el *sello* ni el *matasellos*.
- Esto no se cocina en la *olla*, sino en una cazuela a fuego lento, sin que se vea apenas la *llama*.
- El *yate* no vio la *boya* y se *estrelló* contra las rocas.
- Estos *bueyes* parecen toros bravos, no aguantan que les pongan el *yugo*.
- Abrió la *billetera* y le dio al mendigo un *billete* de dos mil pesetas.
- *Llama* por teléfono a casa y di que compren *yogures*.

190.
- Me *reí* mucho cuando vi la película de *El rey pasmado*.
- Este alcalde es un hombre de *ley*. Ayer lo *leí* en el periódico.
- *Hay* carne *ahí*, en esa cazuela; sírvete un buen plato.
- *¡Ay!*, me he quemado. No agarres la cazuela por *ahí*.
- *Ahí*, en ese banco, *hay* un anciano que se queja y dice *¡ay!*
- En las monarquías absolutas, los *reyes* hacían las *leyes*.

193. tortilla, cursillo, manzanilla, molinillo, cabecilla, pelillo, manilla, dedillo, cucharilla, flequillo, rosquilla, guindilla, zancadilla, boquilla, cartilla.

   No son diminutivos: manzanilla, cabecilla, manilla, guindilla, zancadilla, boquilla, cartilla.

194.
- *Ayer* terminé el trabajo de matemáticas; *hoy* y *mañana* los dedicaré a preparar el examen de historia.
- Alcánzame el *martillo*, que voy a clavar este *paipay* en la pared.
- Necesito un *molinillo* y una *cucharilla*. ¿*Hay* por aquí, en algún armario de la cocina?
- Mi abuelo se está quedando calvo *y* tiene una *coronilla* brillante, pero mantiene unos *pelillos* en el *flequillo*.
- Mi abuela tiene unos lentes con montura de *carey*.
- Te he dicho que compres *manzanilla*, no manzanas. ¡Podrías haber traído también *guindillas* de postre!
- Desde que tuvo el accidente le duele la *rodilla* y el *tobillo*.
- *Allí*, en ese parque, *hay* mucha gente; *yo* no *voy* porque no me gustan las aglomeraciones.

195. Presente de indicativo: construyo, construyes, construye, construimos, construís, construyen; oigo, oyes, oye, oímos, oís, oyen.
Pret. perfecto simple: construí, construiste, construyó, construimos, construisteis, construyeron; oí, oíste, oyó, oímos, oísteis, oyeron.
Pret. imperf. de subjuntivo: construyera o construyese, construyeras o construyeses, construyera o construyese, construyéramos o construyésemos, construyerais o construyeseis, construyeran o construyesen; oyera u oyese, oyeras u oyeses, oyera u oyese, oyéramos u oyésemos, oyerais u oyeseis, oyeran u oyesen.

196. Juan *construyó* una casa el año pasado, pero un día de tormenta *cayó* un rayo y se la *destruyó*. Entonces *yendo* un día a la ciudad, *oyó* decir que vendían unos pararrayos nuevos que evitaban este tipo de accidentes.
   Se *instruyó leyendo* muchos libros, lo compró y lo instaló él mismo.

197. HALLAR: hallé, hallaste, halló, hallamos, hallasteis, hallaron.
AYUDAR: ayudé, ayudaste, ayudó, ayudamos, ayudasteis, ayudaron.
APOYAR: apoyé, apoyaste, apoyó, apoyamos, apoyasteis, apoyaron.

198. VERTICAL: 1. Desayunar.
HORIZONTALES: 1. Detallar; 2. Atropellar; 3. Ensayar; 4. Fallar; 5. Subrayar; 6. Ayudar; 7. Enyesar; 8. Aullar; 9. Pillar; 10. Hollar; 11. Enrollar.

199.
- *Anteayer, yendo* al cine, casi me *atropella* un coche al cruzar la *calle*.
- *Ayúdame* a *ensayar* la obra de teatro.
- No *chilles*, habla bajo y cuéntame con *detalle* lo que te ha asustado.
- Si *leyerais* más, no cometeríais tantas faltas de ortografía.
- En esta plaza *confluyen* las *calles* más importantes de la ciudad.
- Compra cinco quilos de *yeso* para *enyesar* las paredes antes de pintarlas.
- No te *enrolles*, *cállate* y vamos a *ensayar* la obra de teatro.

200.
- Al cruzar el *arroyo*, *arrolló* con el coche una vaca.
- Si no te estás *callado*, te daré con este *cayado* en la cabeza.
- Se *cayó* al suelo, y *calló* todo el mundo al oír el ruido.
- Ese árbol es un *haya*. Quien busca *halla*.
- La *hulla* es un carbón mineral. Que nadie *huya* si no es cobarde.
- Mira ese *pollo* qué bien toma el sol sobre el *poyo* de la casa.
- El pan no se *raya*, se *ralla*; el coche se *raya*, pero no se *ralla*.
- *Vaya* a esa esquina y vea el anuncio que han puesto en la *valla*. ¡Qué vergüenza!

PALABRAS DEL VOCABULARIO USUAL CON *LL* O *Y* QUE NO SIGUEN LAS REGLAS

201. cebolla, allá, bollo, malla, avellana, cordillera, cremallera, folleto, estrella, muralla, toalla, valle.

202. detallar, ensayar, embotellar, batallar, desmayar, pellizcar, estrellar, inyectar.

203. cetáceo: *ballena*; lucha: *batalla*; alboroto: *bullicio*; pelo: *cabello*; plano: *llano*; lloro: *llanto*; gritar: *chillar*; ganga: *chollo*; pescuezo: *cuello*; desenvolver: *desarrollar*; delicadeza: *detalle*; bofetada: *galleta*; vanidad: *orgullo*; pisada: *huella*; pizca: *pellizco*; colmar: *llenar*.

204. VERTICAL: 1. Ayuntamiento.
HORIZONTALES: 1. Yema; 2. Mayúscula; 3. Suyo; 4. Ensayo; 5. Tuyo; 6. Mayo; 7. Desmayo; 8. Inyección; 9. Bayeta; 10. Yerno; 11. Proyecto; 12. Hoyo.

205.
- Con la *lluvia* se han humedecido las *galletas* y se han estropeado.
- *Llena* la *botella* de agua y métela en el frigorífico.
- Mi *yerno* se *cayó* en este *hoyo* ayer y estuvo *desmayado* durante dos horas.
- ¡*Vaya*!, se me ha olvidado otra vez ponerme la *inyección*.
- Esta ración de *pollo* es *tuya*, ¿no la quieres?
- Ese anciano casi no ve y me ha *rayado* el coche con su *cayado*.
- Este arquitecto está *orgulloso* de su *proyecto*, porque se lo han premiado y le han dado un buen *pellizco* de *millones*.
- *Allí*, junto al acantilado, se ven a veces *ballenas*.

USO DE LA *B*

206 y 207. besaba, arboleda, brotaba, nubes, iban, sobre, temblando, abril
primavera, suavemente, verde, nuevo, verde, juvenil, vi, lluvias.

208. El viento, la llave, la veleta.

209. nieve, boya, violín, vestido, clavo, ventana, ciervo, bicicleta, bombero, corbata, brazo, volante, avión, vela, tobogán, banco.

210.
- Los *árboles*, en *primavera*, se *visten* de *vivos* colores.
- Esas *nubes* traerán *lluvias* al *valle* y *nieve* a las montañas.
- El joven *bombero* de este *pueblo* se *viste* los domingos con *corbata* y chaqueta.
- La *bicicleta* no tiene *volante*, sino manillar.
- El *avión cruzaba* las *nubes* haciendo un ruido ensordecedor.
- En esta *ventana* tienes que *clavar* unos *clavos* para sujetar el marco.
- En Canarias es *costumbre* saludarse con un *beso*; en la Península, con dos.
- Se ha roto el *vestido* al *viajar* por el *tobogán*.

212. palabra, brazo, cebra, bramar, álgebra, branquia, hebra, brasa, vértebra, bravo, fiebre, brecha, hambre, brebaje, fiambre, breva, legumbre, breve, cántabro, brocha, cerebro, broche, miembro, broma, escombro, bronce.

215. 1. Abdomen; 2. Abnegado; 3. Ábside; 4. Absolución; 5. Absolutismo; 6. Absorto; 7. Abstemio; 8. Abstracto; 9. Absurdo; 10. Abyecto.

216.
- Si hicieras ejercicios *abdominales*, no estarías tan gordo.
- No molestes a Pablo; está *absorto* en sus cosas.
- La *abstención* en estas elecciones ha sido muy alta.
- Discutir este tema es *absurdo*, ya que todos pensamos igual.
- Lo siento, yo no bebo; soy *abstemio*.
- Yo no entiendo eso, para mí es muy *abstracto*.

217.
- *Observa* qué *bien absorbe* el agua esa esponja.
- Si tienes *hambre*, hay algo de *fiambre* en la *nevera*.
- Aquel *venerable* anciano leía todos los días el periódico sentado en el *banco* de la plaza.
- Se ha construido un túnel *subterráneo* para *evitar* los *obstáculos* del terreno en la construcción de la carretera.
- Lo que has hecho es una *broma macabra*; con ello demuestras que tienes poco *cerebro*.
- Se ha caído, y le han tenido que *entablillar* un *brazo*.
- *Debemos* llegar a un acuerdo para *subsanar* este *problema* lo antes *posible*.
- Yo soy *abstemio*; no *bebo bebidas* alcohólicas ni las he *bebido* nunca.
- El arte *abstracto* no me gusta, y además lo encuentro *absurdo*.

219. Siguen una regla general que conoces: toda palabra de la misma familia léxica tiene la misma ortografía.

222. jugaba, jugabas, jugaba, jugábamos, jugabais, jugaban
estaba, estabas, estaba, estábamos, estabais, estaban
lavaba, lavabas, lavaba, lavábamos, lavabais, lavaban
iba, ibas, iba, íbamos, ibais, iban.

223. VERTICAL: 1. Cavábamos.
HORIZONTALES: 1. Equivocaba; 2. Agravabas; 3. Llevaba; 4. Nevaba; 5. Lavábamos; 6. Vigilabais; 7. Íbamos; 8. Volaban; 9. Secaba.

224.
- Las *aves*, *debido* al fuerte *viento*, *volaban* con dificultad.
- El *vigilante vigilaba* el aparcamiento, no *obstante* los ladrones *robaban* dentro de los *automóviles*.
- En *verano íbamos* por la tarde al río y nos *bañamos* en sus aguas.
- Es una *equivocación* pensar que la *convivencia* se consigue sin esfuerzo.
- En tiempos de mi *abuelo*, *iban* en *burros* a *vender* a la ciudad.
- El agua de esta fuente no es *potable*, hay que *hervirla* antes de *beberla*.
- En tiempos de mi *abuela* la gente *lavaba* en el río y *secaba* la ropa al sol.

226.
- Desván: *buhardilla*.
- Caja o lugar...: *buzón*.
- Pompa...: *burbuja*.
- Papo...: *buche*.
- Prenda para abrigar...: *bufanda*.
- Mueble...: *buró*.
- Tosco...: *burdo*.
- Arbusto...: *buganvilla*.
- Griterío...: *bulla*.
- Paseo público...: *bulevar*.
- Persona diligente...: *buscavidas*.

228. habilidad; estabilidad; debilidad; sensibilidad; flexibilidad; movilidad; civilidad.

229. meditabundo; moribundo; vagabundo.

231.
- *Roberto* es un *buen abogado*, no es un *buscapleitos*.
- Este *buró* te quedará muy *bien* en el salón de la *buhardilla*.
- La *sensibilidad* de la *población* ante la *pobreza* ha obligado al ayuntamiento a *habilitar* un *albergue* para recoger a los *vagabundos* de la ciudad.
- Por esta *ventana* entra mucho frío; tienes que poner un *burlete*.
- La *habilidad* del conductor *evitó* que el coche derrapara en la *nieve*.
- *Estaban lavando* el coche en medio del campo, y los denunció la guardia *civil*.
- *Debido* a un accidente de moto que sufrió, ha perdido la *movilidad* del *brazo* izquierdo.

PALABRAS DEL VOCABULARIO USUAL QUE LLEVAN *B* Y NO SIGUEN LAS REGLAS

232. danzar-*bailar*; descender-*bajar*; absorber-*sorber*; conocer-*saber*; hundir-*abollar*; hastiar-*aburrir*; terminar-*acabar*; quitar-*arrebatar*; canjear-*cambiar*; cooperar-*colaborar*; luchar-*combatir*; mezclar-*combinar*; confirmar-*comprobar*; acatar-*obedecer*; loar-*alabar*; hurtar-*robar*.

234. arriba: *abajo*; valiente: *cobarde*; fuerte: *débil*; inhábil: *hábil*; esclavo: *libre*; necio: *sabio*; feo: *bello*; claro: *turbio*; extenso: *breve*; alto: *bajo*; caro: *barato*; listo: *bobo*.

HOMÓFONAS CON *B* Y *V*

236. Ha heredado una *vasta* finca, pero es una persona muy *basta*.
Es un chico muy *bello*, aunque tiene mucho *vello* por todo el cuerpo.
¿*Vienes* a vivir a esta ciudad y traes todos tus *bienes*?
No *botes* aquí el balón, en este lugar se *vota*.
En mi casa del *cabo* de Gata *cavo* una zanja para regar las plantas.
No te creas tan *sabia*; este árbol se ha secado por falta de *savia*.
Mi compañero *tuvo* la semana pasada un *tubo*...

237.
- Ya he *barrido* mi *habitación* y he *cambiado* las *sábanas* de la cama.
- *Sube* las maletas a la *vaca* y sujétalas *bien*; la carretera no es *buena* y tiene muchos *baches*.
- *Sorbe* despacio la sopa; está casi *hirviendo* y te *vas* a quemar.
- Esta *abolladura* del coche me la hizo un *autobús*.
- *Begoña* tiene un *labio* roto porque *resbaló* y se *golpeó* con la *bandeja* del desayuno.
- No infles los *globos* con la boca; emplea la *bomba* de la *bicicleta*.
- ¡*Arriba* los *valientes*, abajo los *cobardes*!
- Ya tengo *diecinueve* años y *votaré* en las próximas elecciones.
- En esta *vasta* extensión de terreno *van* a construir el parque de atracciones.
- *Debemos cambiar* el dinero en el *banco*, antes de salir de *viaje*.
- *Sabe bailar* como un danzarín.

USO DE *V*

238. olivar, vio, volar, volar, verde, victoria, volando, vea.

239. OLIVAR: olivo, olivarero, olivas.
VER: vidente, videojuego, prever, visionario.
VOLAR: voladura, vuelo.
VERDE: verdura, verdulera, reverdecer, verdinegro.

241. ADVERTIR: advertencia, advertido.
ADVERSO: adversidad, adversario.
ADVERBIO: adverbial, adverbializar.

242. avisado: *advertido*; desgracia: *adversidad*; rival: *adversario*; indicación: *advertencia*; prevenimos: *advertimos*; desfavorable: *adverso*.

243. **Presente**: advierto, adviertes, advierte, advertimos, advertís, advierten.
Pret. imperfecto: advertía, advertías, advertía, advertíamos, advertíais, advertían.
Pret. perfecto simple: advertí, advertiste, advirtió, advertimos, advertisteis, advirtieron.
Futuro: advertiré, advertirás, advertirá, advertiremos, advertiréis, advertirán.

244.
- En *Úbeda* y *Baeza*, *poblaciones* de la *provincia* de Jaén, el *olivar* es la principal fuente de riqueza.
- Se ha transtornado de tanto *ver* la *televisión* y jugar a los *videojuegos*.
- Esta semana he comido *verdura* el lunes, el *jueves* y el *viernes*.

- Te *advierto* que la *adversidad* puede ocurrir en cualquier momento.
- El *adverbio* es una clase *invariable* de *palabras*.
- Piensa que es una *vidente* y que puede *adivinar* el futuro.
- Es una *bella visión* ver *volar* las *aves* sobre el *verde olivar* andaluz.

246. información: *informativo, informativa*.
venganza: *vengativo, vengativa*.
nutrición: *nutritivo, nutritiva*.
dirección: *directivo, directiva*.
decisión: *decisivo, decisiva*.
comparación: *comparativo, comparativa*.
instrucción: *instructivo, instructiva*.
producción: *productivo, productiva*.
intuición: *intuitivo, intuitiva*.
compasión: *compasivo, compasiva*.

247. Un señor *vengativo*, una señora *vengativa*.
Un hijo *adoptivo*, una hija *adoptiva*.
Un espectáculo *divertido*, una película *divertida*.
Un gesto *despectivo*, una mirada *despectiva*.
Un trabajo *creativo*, una actividad *creativa*.
Un alimento *nutritivo*, una verdura *nutritiva*.

249. No siguen la regla anterior porque no son adjetivos, sino nombres.

250. saliva: *baba*; baño: *lavabo*; cola: *rabo*; joroba: *giba*; tamiz: *criba*; comprobante: *recibo*; apoyo: *estribo*; demolición: *derribo*; demostración: *prueba*; concubina: *manceba*; encima: *arriba*; grasa: *sebo*.

251.
- Las *habas* y los *nabos* son alimentos muy *nutritivos*.
- En el lenguaje se producen actitudes machistas; así *manceba* significa *concubina* o prostituta; sin embargo, *mancebo* simplemente es un *hombre joven* o mozo.
- Los *servicios* de los lugares *públicos* se llaman *también lavabos*; en las casas, sin embargo, se *habla* de *lavabo* y *baño*.
- *Iba* por la calle un señor disfrazado de *árabe* montado en un camello de una *giba*.
- El argumento de la película cuenta la *vida* de un anciano *longevo* que *había* sido *esclavo* en su *juventud*, *fugitivo* de la justicia y posteriormente *había* conseguido reunir una gran fortuna.
- *Javier* es un chico muy *compasivo*, y su *intervención* ha sido *decisiva* para que no se castigara al culpable del *robo*.
- En el piso de *arriba vive* una chica muy *atractiva* que trabaja en una serie de *televisión*.
- El espectáculo de este circo es *divertido* y *novedoso*, pues hay muchas atracciones que no *había visto* nunca.

252. **Pret. perf. simple**: estuve, estuviste, estuvo, estuvimos, estuvisteis, estuvieron; anduve, anduviste, anduvo, anduvimos, anduvisteis, anduvieron; tuve, tuviste, tuvo.
Pret. imperfecto: estaba, estabas, estaba, estábamos, estabais, estaban; andaba, andabas, andaba, andábamos, andabais, andaban, tenía.
Pret. imperf. de subjuntivo: estuviera o estuviese, estuvieras o estuvieses, estuviera o estuviese, estuviéramos o estuviésemos, estuvierais o estuvieseis, estuvieran o estuviesen; anduviera o anduviese, anduvieras o anduvieses, anduviera o anduviese, anduviéramos o anduviésemos, anduvierais o anduvieseis, anduvieran o anduviesen; tuviera o tuviese, tuvieras o tuvieses, tuviera o tuviese.

253. detener: detuvieron, detuvieran o detuviesen
entretener: entretuvieron, entretuvieran o entretuviesen
obtener: obtuvieron, obtuvieran u obtuviesen
sostener: sostuvieron, sostuvieran o sostuviesen.

254. Los verbos que no tienen en el infinitivo **b** o **v** cuando aparecen estos sonidos se emplea la *v*.

Presente de indicativo: voy, vas, va, vamos, vais, van.
Presente de imperativo: ve tú, id vosotros.
Presente de subjuntivo: vaya, vayas, vaya, vayamos, vayáis, vayan.
Pret. imperf. de indicativo: iba, ibas, iba, íbamos, ibais, iban.

255. VERTICAL: 1. Obtuviste.
HORIZONTALES: 1. Vamos; 2. Andábamos; 3. Estuvo; 4. Tuviste; 5. Detuvieron; 6. Ibais; 7. Sostuve; 8. Contuvo; 9. Anduvieron.

256.
- Si *anduviéramos* más deprisa, llegaríamos *arriba*, a la *cumbre* de la montaña antes de las *nueve* de la mañana.
- Si *vamos* al campo el *sábado*, es *preferible* que *vayamos* en tren; así nos evitaríamos la *caravana* que se forma en la carretera.
- Antes *íbamos* con frecuencia a *visitar* museos; ahora *vamos* poco.
- Estuve el *viernes* en el parque y me *entretuve viendo* los *nuevos* árboles que han plantado.
- De pequeño, cuando *estaba* solo en casa, me *daban* mucho miedo las tormentas.
- Mientras *andabais* por ahí de paseo, yo *anduve viendo* las *obras* del *nuevo* parque.

PALABRAS DEL VOCABULARIO USUAL CON *V* QUE NO SIGUEN LAS REGLAS

257. costar: *valer*; airear: *ventilar*; velar: *vigilar*; tornar: *volver*; anticipar: *prever*; cruzar: *atravesar*; indagar: *investigar*; persuadir: *convencer*; cambiar: *mover*; entretener: *divertir*; charlar: *conversar*; partir: *dividir*; subir: *levantar*; errar: *equivocarse*; eludir: *evitar*; convidar: *invitar*.

258. La regla que siguen: se escribe **v** en las formas verbales de cuyo infinitivo no hay **b** o **v**, a excepción del pretérito imperfecto de indicativo.

vengo, vienes, viene, venimos, venís, vienen; veía, veías, veía, veíamos, veíais, veían; vigilaba, vigilabas, vigilaba, vigilábamos, vigilabais, vigilaban; cavaba, cavabas, cavaba, cavábamos, cavabais, cavaban.

260. *dividir*, elevar, equivocarse, investigar, invitación, lavar, levantar, mover, reservar, reventar, salvar, servir.

261. HORIZONTAL: 1. Aniversario.
VERTICALES: 1. Ave; 2. Revancha; 3. Avispa; 4. Maravilla; 5. Provecho; 6. Avería; 7. Visera; 8. Caravana; 9. Vitrina; 10. Vertical; 11. Violencia.

262.
- *Revisa* el aire de la *bicicleta* porque si tiene demasiado puede *reventar* la rueda.
- *Vayamos* a *ver* la *cabalgata* a la plaza mayor y así *evitaremos* esperar demasiado tiempo.
- *Vuélvete* de manera discreta y *verás* cómo se entretiene el niño con el sonajero.

- *Vigila* cuándo *hierve* el agua de la cazuela para echar el arroz.
- *Vístete* deprisa y *vamos* a jugar un partido de tenis.
- *Averigüemos* dónde guarda tu hermana las fotos del *verano*; a ella no le importa que las *veamos*.
- *Convéncete* de que la *responsabilidad* no *debes* tomártela a broma. A tu edad, tienes que ser *responsable* de tus actos.
- Si no *ves*, deja de leer; no hay luz porque ha *habido* una *avería* en el *barrio* y tardarán *varias* horas en arreglarla.

USO DE LA *H*

263. Hay, vaho, hierbas, humilde, hogar

264.
- Quien tiene *hambre* con pan sueña.
- En casa de *herrero*, cuchillo de palo.
- *Hecha* la ley, *hecha* la trampa.
- *Hablo* el buey y dijo ¡muu!
- *Hágase* el milagro, y *hágalo* el diablo.
- El *hábito* no hace al monje.
- La mejor *almohada* es la conciencia sana.
- Más *hiere* palabra mala que espada afilada.
- El *hombre* y el oso, cuanto más feo, más *hermoso*.

265. hélice, hada, hucha, hebilla, zanahoria, humo, hilo, alfiler, hongo, hormiga, hacha, hielo, búho, araña, cohete, asa.

266.
- El caracol *aventurero* sintió *hambre* y comenzó a comer las *hojas* de una *zanahoria*.
- Mi vecino es un *hombrecillo humilde* y una *hormiguita*, no deja nunca de trabajar.
- Eso que ves no es *humo*, ahí no *hay* ninguna *hoguera*; es el *vaho*, el vapor de agua, que desprende la *arboleda* al salir el sol.
- El oficio de *herrero ha* desaparecido de muchos pueblos; ahora las *herramientas* y piezas de *hierro* se *hacen* en grandes fábricas.
- Los protagonistas de este cuento son un *hada hermosa* y buena y un *búho* inteligente y sabio.
- Si quieres comprarte ese cinto de *hebilla* dorada, cómpratelo; abre la *hucha*, que llevas mucho tiempo sin sacar dinero.
- Agarra la *olla* por el *asa*, que te puedes quemar.

268.
- *Hay* que ser más cuidadoso con las cosas que te *han* prestado.
- *Hemos* de ir todos juntos a hablar con el director, aunque *ha* sido sólo Luis el culpable.
- No te *he* visto esta mañana en el colegio.
- Allí *había* mucha gente, pero en otras ocasiones *ha habido* más.

269.
- Creía *haber* oído un ruido.
- Por *haber* llegado tarde, lo han castigado.
- Vamos *a ver* las fotos del verano.
- No te quejes, *haber* dicho la verdad.
- Baja *a ver* el accidente.
- ¡*A ver*!, ¿quién ha silbado en clase?
- Mira *a ver* si ha llegado Pedro.
- Ve *a ver* esa película, es preciosa.

271.
- Luis *ha* de llegar *a* casa antes de las diez.
- *He* de decir a Pedro que sus hermanas, Marta e Inés, han ido al cine.
- *A* las cuatro *ha* de comunicarme Félix su decisión sobre formar o no parte de nuestro equipo.

- Como comprenderás no iba a darle de sopetón esa noticia; *ha de* estar preparado para recibirla.
- Iremos *a* ver el partido *a* casa de Luis. Pero *he de* decírselo antes *a* su madre para que nos prepare una buena merienda.

272.
- Necesito un *herrero* para que me arregle la *hélice* del ultraligero.
- *He* de recordarle a Héctor que lleve las cadenas del coche porque *hay* nieve y *hielo* en la carretera.
- Aquí en el costurero de mi madre *ha de haber aguja, hilo* y *alfileres.*
- Con la invención de los *cohetes* espaciales, la mayoría de los *aviones* llevan motores de reacción y abandonan las *hélices.*
- En la cumbre de esa montaña, sólo encontraremos *hielo* y algunos *hongos.*
- *Ha* sido un escritor famoso, pero *ahora* es un *hombre* ignorado y *humilde.*
- Observa cómo brilla el rocío en la *hierba*; *hoy ha* caído una gran *helada.*

273. huelga, huérfano, huerto, huésped, hueso; hiena, hiedra, hielo, hierro.

274. Las palabras derivadas de *huevo, huérfano, hueso, hueco, huelo* no llevan **h** cuando no empiezan por el diptongo *hue-.*

277. **Presente de indicativo:** huelo, hueles, huele, olemos, oléis, huelen.
Pret. perf. simple: olí, oliste, olió, olimos, olisteis, olieron.
Presente de subjuntivo: huela, huelas, huela, olamos, oláis, huelan.

278.
- Antes *hacía* frío, ahora *hace* calor y después *hará* frío de nuevo.
- Ayer *hallé* a Ramón durmiendo, hoy lo *hallo* viendo la televisión, mañana no sé cómo lo *hallaré.*
- Esta casa la *habitó* una familia inglesa durante diez años, ahora la *habita* una familia francesa y, cuando me case, la *habitaré* yo.
- Ayer *heló* en la sierra, hoy está *helando* en la ciudad y mañana *helará* en la sierra y en la ciudad.

279.
- *Hace* años la pobreza obligó a algunas familias a *habitar* las *oquedades* de las montañas.
- *Han hallado* un *hombre* muerto en un banco del parque.
- Aquí *huele* a pan reciente, ¿lo *oléis* también vosotros?
- Id al *huerto* y coged las *hortalizas* que necesitéis.
- *Han* transformado el *orfanato* en un *hospital*, porque en esta ciudad ya no *hay huérfanos* desamparados.
- Los *huéspedes* de este *hotel* son gente de mucho dinero.
- Va a *haber huelga* de trenes durante veinticuatro *horas.*

PALABRAS CON *H* DEL VOCABULARIO USUAL QUE NO SIGUEN LAS REGLAS

281. horrorizar, humillar, hechizar, hallar, habilitar, homenajear, higienizar, hospitalizar, hermanar, holgazanear, humedecer.

282. frecuente: *habitual*; congelado: *helado*; bello: *hermoso*; vago: *holgazán*; profundo: *hondo*; aburrido: *hastiado*; fogata: *hoguera*; ciclón: *huracán*; mojado: *húmedo*; morro: *hocico*; espantoso: *horroroso.*

283. vehículo, ahora, ahorro, rehén, alhaja, moho, ahínco, almohada, cacahuete, cohete, alcohol, azahar.

PALABRAS HOMÓFONAS CON *H* Y SIN *H*

284. He *hecho* ensalada. ¿Le *echo* la sal ahora o la *echáis* vosotros?
¡*Hola*!, voy a hacer «surfing». Hoy hay *olas* enormes.
El monje *ora* y labora durante varias *horas* al día.
Allí *habría* no menos de cien personas.
El toro tiene un *asta* rota.
La piscina es grande y *honda*, por eso hay *ondas* en su superficie.

285.
- ¡*Ay*!, no me pises.
- *Ahí*, en ese cajón, *hay* un destornillador, alcánzamelo.
- ¡*Ay*!, no me agarres por *ahí*, que tengo una herida y me duele.
- Mira por *ahí*, a ver si *hay* algo que podamos comer.

286.
- El perro tiene el *hocico* siempre *húmedo*, lo que favorece su sentido del *olfato.*
- En esta *habitación hay* mucha *humedad*, y las *almohadas* se *han* llenado de *moho.*
- *Hay vehículos* que funcionan con motores de *alcohol.*
- En este *hospital*, la *higiene* deja mucho que desear.
- Esta tienda *abría* antes los domingos, *ahora* cierra desde el sábado por la tarde *hasta* el lunes.
- El *huracán ha* dejado sin *hogar* a muchas familias *humildes.*
- Mi madre, con sus *ahorros*, se va a comprar una *alhaja.*

USO DE *X*

287. próximo, extraño.

289. taxi, explorador, flexo, xilófono, extintor, excavadora, hexágono, boxeador, flexión, saxofón, tórax, tóxico, sexto, explosión, extractor, flexible.

290.
- Las palabras *axila, maxilar* y *tórax* se escriben con **x.**
- En esta orquesta hay un *xilófono* y tres *saxofones.*
- El *extintor* de la *excavadora* contiene gas *tóxico.*
- Enciende el *flexo*, que tengo que dibujar un *hexágono.*
- El *boxeador* tiene un *extraño* bulto en el *tórax.*
- El *próximo* martes tengo un *examen* de matemáticas.
- El *explorador* miraba con temor la *extensa* llanura.
- Este *taxista* hace *flexiones* a diario para estar en buena forma *física.*

291.
- El *éxito* de la *excursión* a las Cañadas del Teide fue debido a la *experiencia* del *experto* monitor.
- El *estruendo* que oímos ayer fue una *explosión* que tuvo lugar en la *extensa explanada* que está junto a la *escombrera.*
- Este regalo me parece *espléndido, exquisito* y *exclusivo*; le gustará mucho a tu madre.
- Esta película ha tenido un *éxito excesivo*, pues los *espectadores* apenas la han entendido.
- Toca la *escama* de este pez, verás qué *escalofrío* sientes.
- Trabajamos toda la tarde como *esclavos* y terminamos *extenuados.*
- Ese dolor que sientes en el brazo puede ser una *excusa estupenda* para quedar *exento* de hacer gimnasia.

- La sopa está demasiado *espesa* y tiene un sabor *espantoso*.
- Juan es un hombre *extremadamente escrupuloso*.

292. VERTICAL: 1. Expediente.
HORIZONTALES: 1. Espectro; 2. Exilio; 3. Escrúpulo; 4. Experto; 5. Expedición; 6. Estirpe; 7. Esplendor; 8. Exento; 9. Estricto; 10. Extenso.

294. **ext**inguir, **ex**plicar, **ex**plotar, **ex**poner, **ex**portar, **ex**presar, **ex**pulsar, **ext**ender, esmerarse, esconderse, estorbar, escalar, escarmentar, estrechar.

295.
- Este *pasadizo* es muy *estrecho* y debemos caminar en fila para no *estrujarnos*.
- La *excavadora* que había en la *explanada* ha *explosionado* y el *estruendo* se ha oído en todo el pueblo.
- La *exposición* que has realizado sobre las vitaminas ha sido deficiente porque no te has *expresado* con claridad. Debes escribirla previamente para otra vez, como nos ha *explicado* el profesor.
- Los cohetes, al *explotar*, hacían un ruido *estremecedor*.
- Debes *espabilar* y ser más *exigente* contigo mismo; recuerda el *escarmiento* del curso pasado por *estudiar* poco.

296.
- Raro, extraño: *extravagante*
- Daño, ruina...: *estrago*
- Desaliñado en el vestido: *estrafalario*
- De contrabando: *de extranjis*
- De nación...: *extranjero*
- Alrededores...: *extrarradio*
- Acción de entrega...: *extradición*
- Persona muy sociable: *extrovertido*
- Astucia: *estrategia*
- Arte, traza...: *estratagema*
- Región de la atmósfera: *estratosfera*
- Extraordinariamente plano: *extraplano*
- Desviación en la dirección...: *estrabismo*

298.
- El delegado se ha *extralimitado* en sus funciones.
- Nos hemos *extraviado*, yo no conozco esta carretera.
- No *extraigas* conclusiones erróneas; me *extraña* que...
- La policía ha encontrado un hombre *estrangulado* en el parque.

299. 1. Auxilio; 2. Claxon; 3. Conexión; 4. Flexible; 5. Galaxia; 6. Léxico; 7. Luxación; 8. Reflexión; 9. Máximo; 10. Pretexto.

300. sexto, taxista, saxofón, asfixia, escusa, exceso, extenso, explosivo, existencia.

301.
- De manera *extraoficial*, se sabe que la *explosión* del camión se debió a que transportaba gas *tóxico* sin las debidas medidas de seguridad.
- Dice que padece *luxación* de tobillo, pero yo creo que es una *excusa* para no jugar.
- El *extractor* de la cocina se ha averiado porque la *conexión* eléctrica no estaba bien hecha.
- El *flexo* que te has comprado es poco *flexible* y no puedes orientar la luz con comodidad.
- Eres un *extravagante* y un *estrafalario*; a tu edad vas haciendo el ridículo.
- Con el *pretexto* de que llevaba un herido, comenzó a tocar el *claxon* del coche; la policía acudió a *auxiliarle* y comprobó el fraude.
- He colocado en el coche una alarma de *máxima* seguridad.

USO DE *G* Y *J*

302. paraje, alguien, alargan, lejos, roja, alguna, agosto, coge, ciega, agua, gritado, contagio, agua, irguiéndola, gritado, remangado, larga, dejarme, bajas

- Palabras que se escriben con **j**: paraje, lejos, roja, dejarme, bajas.
- Palabras que se escriben con **g**: alguien, alargan, alguna, agosto, coge, ciega, agua, gritado, contagio, agua, irguiéndola, gritado, remangado, larga.
- Palabras en que la **g** se pronuncia como **j**: coge, contagio.
- Se escriben siempre los grupos *gue*, *gui*.

303. gato, gusano, gorra, canguro, guitarra, guerrero, guante, antiguo, cigüeña, pingüino.

304. a) vagón, seguir, vergüenza, guerra, Guillermo, paraguas, cigüeña, desagüe, agua, averigüemos, paragüitas, averigua, manga, manguera, güisqui.

b)
- Los amortiguadores no aguantaron los grandes baches de la carretera.
- Deja que él investigue y *averigüe* quién le robó la guitarra.
- No te da *vergüenza* de que el agua sucia salga a la calle por el *desagüe* de la pared.
- El guía se ha santiguado al entrar en la catedral; *santigüémonos* también nosotros.
- No pueden estar juntos en el zoo los *pingüinos* y las *cigüeñas*; porque los *pingüinos* viven en zonas frías y las *cigüeñas* habitan zonas cálidas.
- Debemos averiguar si ha fraguado bien el cemento antes de pisarlo. Para que *fragüe* bien, le he echado agua durante varios días.

305. escoger, encoger, proteger, recoger; dirigir, afligir, exigir, corregir.

307. **Presente de indicativo**: exijo, exige, exige, exigimos, exigís, exigen.
Presente de subjuntivo: exija, exijas, exija, exijamos, exijáis, exijan.
Presente de indicativo: tejo, tejes, teje, tejemos, tejéis, tejen.
Presente de subjuntivo: teja, tejas, teja, tejamos, tejáis, tejan.

308. exigir: *exijo, exiges*; recoger: *recojo, recoges*; elegir: *elijo, eliges*; escoger: *escojo, escoges*; corregir: *corrijo, corriges*.

309. origen, generoso, aborigen, género, margen, gente, virgen, gentío.

311. cogen, eligen, crujen, protegen, afligen, trabajen, recogen, corrigen, bajen.

Se escribe acabados en *jen* los verbos cuyo infinitivo se escribe con **j**.

312.
- *Coge* una galleta, están *crujientes*.
- Debes *dejar* un *margen* más amplio en tu cuaderno.
- La *gente* de este pueblo es muy *exigente* en el cuidado del medio ambiente.
- En este pueblo los *tejedores* de alfombras aprenden el oficio de *generación* en *generación*, es decir de padres a hijos.
- Algunos *jóvenes* motoristas no se *protegen* con el casco, porque no se *imaginan* que ellos puedan sufrir un accidente.

- En *general*, los *dirigentes* se preocupan más de sus asuntos que de los de la *gente*.
- El *genio* nace, no se hace; así que *déjate* de *genialidades* y haz el trabajo que te corresponde.
- La devoción a la *Virgen* en este lugar tiene su *origen* en una aparición hace siglos a unos pastores.

USO DE LA *J*

313. naranja, cerrojo, brújula, tejado, anteojos, monje, tijeras, vajilla, perejil, carruaje, vendaje, esqueje, eje.

314. Las palabras que deben aparecer subrayadas son: agujero, ajeno, monje, jefes, mujer, cojera, mujer, paje, Tijeras, vejez, perejil.

315. viaje, navaja, bruja, hija, reloj, oveja, cerraja.

317. **Presente de indicativo:** cojeo, cojeas, cojea; bajo, bajas, baja; dejo, dejas, deja.
Pret. perf. simple: cojeé, cojeaste, cojeó; bajé, bajaste, bajó; dejé, dejaste, dejó.
Presente de subjuntivo: cojee, cojees, cojee; baje, bajes, baje; deje, dejes, deje.

318.
- Tiene un *ojo* morado y *cojea* desde que sufrió el accidente de moto.
- Corta el *perejil* con las *tijeras* en trozos pequeños.
- Deje la *vajilla* limpia encima de la mesa del salón.
- Hay un *agujero* en esta *cajita* de cerillas.
- El *granjero* fue muy amable y ayudó al *viajero* extraviado.
- He comprado unas *orejeras* para evitar el frío y unos *anteojos* para ocultar mis *ojeras*.

320. rodaje, personaje, fichaje, aprendizaje, abordaje, reportaje, hospedaje, equipaje, montaje.

321. proteger: protege, protegería; digerir: digiere, digería; escoger: escoge, escogería; ingerir: ingiere, ingería; acoger: acoge, acogería.
Las formas verbales acabadas en *-gería* se escriben con **g** cuando los verbos, en su infinitivo, se escriben con **g**.

322. garaje, hereje, ingería, oleaje, emergía
cogería, salvaje, acoge, embalaje, ropaje
paje, digería, chantaje, pasaje, recogería
protegería, mensaje, acogería, tejería, espionaje
relojería, protege, cerrajería, paisaje, brujería.

324. VERTICALES: 1. Ejercicio.
HORIZONTALES: 1. Ajedrecista; 2. Eje; 3. Ajete; 4. Ajetrearse; 5. Ejecutar; 6. Ejército; 7. Ejercer; 8. Ejemplificar; 9. Ajeno.

325.
- En el cortijo guarda en el *garaje* un *carruaje* de la época de sus bisabuelos.
- Debemos ir a la *agencia* de *viajes* a comprar los billetes.

- Fue acusado de *brujería* y quemado como un *hereje*.
- El campeón de *ajedrez* ha encargado una tortilla de *ajetes* para comer.
- En este *gimnasio* los ejecutivos realizan *ejercicios* físicos para estar en forma.
- En esta *agencia* hay un *ajetreo*, que parece que regalan algo.
- Yo *protegería* la pantalla del ordenador con una funda.
- Esa señorita debe ser un *personaje* importante, por el *equipaje* que lleva.
- Pasa por la *relojería* y recoges el reloj que *dejé* allí hace unos días.
- Ha enviado el *equipaje* por una *agencia* de *mensajería*.

326. **Pret. perf. simple:** dije, dijiste, dijo, dijimos, dijisteis, dijeron; traje, trajiste, trajo, trajimos, trajisteis, trajeron.
Pret. imperf. de subjuntivo: dijera o dijese, dijeras o dijeses, dijera o dijese, dijéramos o dijésemos, dijerais o dijeseis, dijeran o dijesen; trajera o trajese, trajeras o trajeses, trajera o trajese, trajéramos o trajésemos, trajerais o trajeseis, trajeran o trajesen.

327.
- Esta finca *produjo...*
- Los niños se *distrajeron* ...
- Hace dos días, ... *predijo...*
- Si no *protegieras...*
- Si se *redujera....*
- Hace dos años *contraje...*
- Al final, se nos olvidó, y no *trajimos* ...
- Si *dijerais...*
- ¿Él solo *dedujo...*?
- Si le *exiges...*

PALABRAS DEL VOCABULARIO USUAL QUE NO SIGUEN LAS REGLAS

329. bujía, cojín, conserje, jefe, jersey, jilguero, jinete, lejía, objeto, tarjeta, tejido, vejez.

330.
- No olvides que la *gimnasia* se hace también con *inteligencia*.
- Este *jersey* que llevas ya no puede ocultar los rigores de la *vejez*; cómprate otro.
- El *fugitivo* se instaló en un *refugio* de la montaña para ocultarse de la policía.
- Me ha enviado una *tarjeta* de felicitación la asociación de antiguos alumnos del colegio.
- En esta *región* se siembran muchos *girasoles*.
- Anda más *ligero*, así hacemos mejor la *digestión*.
- Este *tejido* no puede lavarse con *lejía*.
- Ya te *dije* ayer que los *geranios* se riegan una vez a la semana.
- Si *condujeras* con más precaución, no tendrías tantos accidentes.
- A pesar de sus años, el abuelo está muy *ágil* y tiene muchas *energías*.
- ¿Puede explicarme el *objeto* de su visita?